媒体融合背景下
我国报业转型的发展策略研究

张帆 著

武汉大学出版社

图书在版编目(CIP)数据

媒体融合背景下我国报业转型的发展策略研究/张帆著.—武汉：
武汉大学出版社,2018.4
ISBN 978-7-307-20052-4

Ⅰ.媒…　Ⅱ.张…　Ⅲ.报纸—新闻事业—研究—中国
Ⅳ.G219.2

中国版本图书馆 CIP 数据核字(2018)第 034407 号

责任编辑:聂勇军　　　责任校对:李孟潇　　　整体设计:马　佳

出版发行：**武汉大学出版社**　　(430072　武昌　珞珈山)
　　　　　（电子邮件：cbs22@ whu.edu.cn　网址：www.wdp.com.cn)
印刷:虎彩印艺股份有限公司
开本:720×1000　1/16　　印张:11.75　　字数:161 千字　　插页:1
版次:2018 年 4 月第 1 版　　2018 年 4 月第 1 次印刷
ISBN 978-7-307-20052-4　　定价:28.00 元

本书受湖北大学省大学生示范实习实训基地经费和湖北省中国文化传承与发展优势学科群新闻传播方向经费支持

前　言

自 20 世纪 90 年代我国报业"触网"以来，学界对于报业转型的研究就从未停止过，特别是在 2005 年，我国报业遭遇"拐点"，全国报纸广告收入出现巨大跌幅以后，"报业转型"更是成为研究热点。当把报业转型置于媒体融合的背景之下，过去对于报业转型的认知、理论、发展策略等研究成果，并不能简单拿来套用。在报业实践中，尽管有些报媒积极探索转型，但最后也不得不悲情谢幕，但是同时我们也欣喜地看到，有些报媒在转型中另辟蹊径，勇于创新，取得了瞩目成绩。因此，在当下我国报业经营再次面临"断崖式"下跌之时，有必要对我国报业转型中呈现出规律性的东西予以总结，尽可能为报业转型的发展趋势和可行性的发展策略提供观照视角。

就研究现状而言，大多数的研究依然囿于数字化转型的视野里，在内容数字化、平台数字化的框架下去研究报业转型的发展路径。但是从报业实践来看，报业数字化只是报业转型的其中一条重要路径，而非唯一。在媒体融合朝着纵深方向发展之时，很多报业集团除了经营好新闻媒体平台之外，还搭建了游戏平台、孵化平台、电商平台、社交平台、投资平台等，因此仅仅从数字化转型出发来探讨报业的发展策略是不够的，也是不全面的。正是基于这样的认识，本书首次跳出数字化转型的局限，从智媒化、平台化和资本化三条路径来探求报业转型的发展策略。随着媒介技术的日益进步发展，技术与媒体之间的联系越来越紧密，作为数字化的进阶版，智媒化以更加丰富的新闻表现形式满足用户个性化的阅读需求。平台化在报业转型中的趋势日益明显，本研究将平台化细分为专业性平台和综合性平台，前者聚焦新闻媒体的内容平台搭建，而后者则是除新闻媒体平台之外，还构建其他平台，多个平台在大平台生物圈中相互补充，协同互动。资本化是指报业集团通过向文化产业的战略投资者转型，或以引进外部战略投资者等方式，以达到优化媒介资源配置，扩张媒介资本规模，实现资本增值的一种发展策略。同时本书在论述我国报业转型发展策略的同时，也导入了大量国外先进媒体的实践案例，有些可以给我国报业转型提供借鉴作用，有些则可以为我国报业转型提供失败教训。

本书是在我博士论文的基础上修改完成的，前后倾注了大量心力，但由于精力和水平有限，难免有不足之处，敬请学界业界专家和读者朋友批评指正。本书受湖北大学省大学生示范实习实训基地经费和湖北省中国文化传承与发展优势学科群新闻传播方向经费支持，得以付梓出版，在此一并致以谢意。

张 帆

2018 年 1 月

目　　录

第一章　导　论

随着数字技术和网络技术的发展，网络媒体逐步兴起，凭借其海量性、互动性、多媒体性、即时性、便捷性等特点，使传统报业的核心受众不断流向网络媒体，传统报业的生存空间逐步压缩。然而，败也萧何，成也萧何，严峻局势也促使我国报业积极推进传统媒体与新兴媒体的融合发展。我国报业转型始于1995年，经历了20多年的发展之后，我国报业转型的探索朝着纵深方向不断发展，从浅到深，从简单到复杂，从单一到多元，传统报业与数字媒体的界限日益模糊，从报纸网络版到报网互动，到报网合一，再到现阶段的媒体深度融合，我国报业的转型受到了学界和业界的高度关注。

第一节　研究综述

在网络媒体的挑战下，报业面临巨大的生存压力，学界对报业的转型发展、网络环境下传播活动的变化、媒体融合等话题都给予了高度的关注。

一、国内关于报业转型的研究现状

通过梳理我国学者关于报业转型的论文和专著，可知他们的研究主要聚焦在两个方面，即我国报业在转型中所遇到的问题以及解决方式，探索报业转型的路径和发展模式。

汤立明指出我国报业转型中的主要问题是宏观管理体制上的条块分割，思想观念上的更新速度慢、产权不明和产业边界模糊①等，认为在宏观上，应该做到体制的创新和政策的引导，在微观上，转变从业人员的观念，创新管理体制，构建新的经营战略，突破价值链和投融资瓶颈。在《报业数字化生存与转型研究——基于产业发展的视角》一书中，冉华、张金海认为战略转型与产业模式、盈利点与盈利模式是我国内地报业数字化转型所面临的困境，并从产业形态的变迁与产业组织结构的重构、产业链的延伸与重构、传统盈利模式的延伸与新的盈利模式的重构等方面给出了相应的对策。吕尚彬、陈薇认为在报业转型过程中存在报社组织结构转型滞后、新的盈利模式尚未构建、融合形态的新闻生产尚未突破和一些技术壁垒、法规壁垒、管理壁垒尚未突破等问题，并从这四个方面提出了相应的对策。西安工业大学的张建利认为内容创新不足、依照传统纸媒的运营方式来运营数字媒体、不重视数字版权是我国报业在转型过程中面临的主要问题，从媒介融合、构建多元媒体格局、加强内容建设这三个方面给出了转型对策。黄银龙在《我国报业数字化的困境与突围》中明确指出我国报业数字化转型的发展进程存在六大问题：战略上把"数字化"当附庸、体制上新旧媒体"两张皮"、市场化运作机制缺位、盈利模式模糊不清、融资遭遇政策瓶颈和商业网站挤压加剧，认为我国报业数字化要突围必须从战略、流程和商业模式三个方面入手。范东升在《拯救报纸》一书中指出在 Web2.0 和公民新闻的冲击下，传统大众传播模式中传者与受传者的关系出现了三重深刻变革：一是传统的集中控制式的大众传播正在转变为参与式的传播方式，二是新型的协议式传播出现，三是网络社区式传播模式诞生。

---

① 汤立明：《报业数字化转型的问题与对策》，《青年记者》，2008 年第 29 期。

传播模式的三重转变导致传统报业的传播模式失灵。范东升认为"只有摆脱平面思维的束缚，顺应传媒生态变化，充分利用产业资源，引领技术变革的潮流，向数字化方向加快转变，才是未来报业可持续发展的生存之路"，① 并为报业转型的发展设置了双重路标：确立数字优先战略和数字报业评估指标。蔡雯认为在新媒体时代，传统媒体与新媒体之间的界限日益模糊，对新闻传播活动产生了极大的影响："新闻传播者"与"新闻受众"的角色变化、新闻出版内容与传播渠道的变化、传播效果变得难以控制。在融合进程中媒介组织结构从"报网互动"走向"报网一体"，由浅入深，由简单到复杂，经历了技术应用型、内容复制型、联动报道型、版块合作型和战略合作型等多个阶段。新闻出版模式向融合新闻转变，需要对传统新闻传播范式进行重构，并从新闻资源的发现、鉴别、转化、整合、展示和增值等六个方面探讨了新闻资源深度开发的重要性。

还有学者从报业转型发展过程中的盈利模式方面入手，比如危贵川的《数字报业的经营模式转型》，方琦的《论我国报业数字化商业模式创新》，金雪涛、虞海侠的《美国数字报业商业模式及其启示》，王静的《数字报纸的价值构成和收费策略》，石磊的《报业数字化转型的商业模式构建》等。石磊的《数字报业的内容融合与渠道融合——媒介融合时代的报业发展战略》，郜书锴的《视频新闻：数字报业竞争的新趋向》，王朝阳的《数字内容产业的内容增值途径探索——以数字报业内容增值为例》，周善的《传统报业数字化转型的内容策略》，黄建远的《报业数字化转型中的内容数据库开发研究》等则聚焦报业在数字化内容上的新形态。在广告经营上，则有朱亚、姜帆的《网络视频广告在数字报业中的深度开发和整合》，张容容的《数字报纸广告的现状及优化研究》等。从以上学者们的研究中可以看出，我国报业在转型过程中存在观念、体制、组织结构、产权、内容等诸多方面的问题，但

---

① 范东升：《拯救报纸》，南方日报出版社 2011 年版，第 322 页。

无一例外，学者们对盈利模式尚不明确这一问题给予了共同的关注，认为以用户为中心，打造具有核心竞争力的产品内容才是构建盈利模式的基础。

在报业转型的方向趋势研究方面，吕尚彬教授认为中国报业数字化转型的演变轨迹不是渐进性的改良，也不是适度优化或一般的创新，而是激进式的变革。在报业转型过程中，报业的核心资产与核心经营活动都需要重新构建，从新兴、趋近到共存、支配的激进式变革，将是中国报业在数字化进程中的基本演进轨迹。① 从 2013 年开始，我国报业数字化进入共存阶段。吕尚彬教授在《在"共存"格局中突围》一文中指出"报业突围的关键，是如何透视社会核心动力群体的媒介接触方式的变化而'随变'。基于'数字化优先'战略，以用户为中心，站在数字传播制高点打造全新产品，追求具有独特价值产品的生产与聚合，构建数字报纸的市场推广模式"。② 郭全中认为信息智能匹配成为未来转型的方向。在信息爆炸的时代，用户无法从海量的信息中快速找到自己所需信息，导致生产出来的优质产品内容得不到用户的认可和付费。在这样的背景下，需要信息智能匹配为用户提供精准信息，实现信息、技术、平台和用户需求的有机匹配。他还指出"转型必先转脑"，首先要从"内容为王"转变为"信息服务为王"，其次要从"事业单位企业化管理"转变为商业思维，再次要从内容基因转变为技术基因，"总的来说，就是以用户和市场为导向，以技术为驱动，以平台为基础"。③石磊在《分散与融合——数字报业研究》一书中认为数字报业有渠道拓展实现数字化生存、内容拓展提升创意核心竞争力、经营拓展延长产业链三条实现路径，并分别从内容融合和渠道融合两个方面进行了详细的论述。李鹏在《媒聚变——媒介融合背景下报纸转型研究》中，通

---

① 吕尚彬：《渐进性演变，还是激进性变革——我国报业数字化演变轨迹的思考》，《中国报业》，2012 年第 8 期。

② 吕尚彬：《在"共存"格局中突围》，《中国报业》，2013 年第 23 期。

③ 郭全中：《转型是中心》，《中国报业》，2014 年第 1 期。

过梳理我国报纸变革发展的历程，并参照美国、英国、法国、瑞典、日本等国的转型之路，认为"媒介融合背景下中国报纸的转型方向，必然是通过媒介融合，打造以报纸为中心的全媒体平台，实现信息的立体传播和立体运营"。① 张勤耘认为报业数字化转型应该存在"五个转向"，即从"受众"转向"用户"，从"卖方市场"转向"买方市场"，从"以内容为王"转向"以产品为王"，从"规模经济"转向"范围经济"，从"广告市场"转向"用户市场"。② 从这五个转向可以看出报业数字化的过程中，客户关系、市场性质、业务重心、生产方式、利润来源都发生了改变。

　　学者们对全媒体的建设方面也作了较为深入的研究。麦尚文从关系范式来研究报业传媒集团的全媒体布局，认为"关系即信息"，③ 报网关系从"依附型"到"主体型"，再到"融合型"，总结出报业网站发展的四种模式，即以人民网、南方网、宁波网为代表的大型新闻门户网站模式，以南都奥一网、解放牛网为代表的全媒体主平台模式，以水母网、大粤网、大洋网、19 楼为代表的城市生活门户网站模式，以南方报网为代表的数字报模式。报业全媒体布局是一次"关系"重组，将报业全媒体布局分为五种模式，即以人民日报社的全媒体融合路径为代表的"报网双核"模式，以解放日报报业集团的全媒体价值追求为代表的"终端"模式，以南都报系全媒体集群战略构想为代表的"全线"模式，以烟台日报传媒集团全媒体的整体转型的"小型通讯社"模式，以宁波日报报业集团全媒体的单边行动为代表的"网络门户"模式。这些模式都只是针对业界全媒体的发展现状提出来的，每种模式都存在

① 李鹏：《媒聚变——媒介融合背景下报纸转型研究》，北京大学出版社2012 年版，第103 页。

② 张勤耘：《报业数字化转型中的"五个转向"》，《新闻战线》，2013 年第3 期。

③ 麦尚文：《全媒体融合模式研究——中国报业转型的理论逻辑与显示选择》，中国人民大学出版社2012 年版，第70 页。

自身的不足，但是却没有提出更加优化的未来发展模式。还有学者认为报业转型应该走分化的趋势，而非融合。陈国权在《新媒体拯救报业?》一书中明确指出融合现象"只能是小部分，或者是暂时性的，分化的自然规律不可改变。融合在一定程度上满足了便利性的条件，在小部分市场还占据一定的空间，但不应是主流"。① 媒体融合弱化了自身优势，在报业转型进程中，报业不应该一味追求即时性、海量、互动、动态视频，那是以己之短，击人之长，而是应该发挥自身所具备的本来优势，以选择力、权威性、易携带、可保存、阅读感取胜。在报业数字化进程中，报业要适应新媒体的分化趋势，当前报纸网站和手机报无法实现盈利的重要原因就是竞争范围过大，"若致力于某一细分领域，专注于一件事情，再借助报纸的既往影响力和公信力，将比一般的互联网产品更容易成功"。② 全媒体平台的建立将是我国报业转型的关键，是智媒化和资本化的基础。学者们对现有业界全媒体平台的模式研究，将有助于本书进一步探讨优化平台的具体策略。在报业转型进程中，报业的生态环境发生巨大变化，报业需要与其他媒介融合，实现从单一传播渠道到多元传播渠道、从平面传播到立体传播、从静态传播到动态传播、从单向传播到双向传播的转变，以适应传媒生态环境的变化。然而，在融合中又应有所分化，需要针对每一种媒介的特点和受众的特点进行内容的重新组合和深度加工，形成形态各异的新闻产品，具有独特价值的新闻产品才是构建盈利模式的基石。

从学者们的研究中可以看出，报业转型的趋势主要集中体现在两个方面。在内容上，必须以用户需求为导向，提供具有独特价值的内容产品。在平台上，必须打破媒介壁垒，构建全媒体中心，从静态的平面传播转变为动态的立体传播。平台是报业转型的基础，而内容是报业转型的核心。报业转型的目的也就在于通过构建全新的业态来重新获得用户

---

① 陈国权：《新媒体拯救报业?》，南方日报出版社 2012 年版，第 102 页。
② 陈国权：《新媒体拯救报业?》，南方日报出版社 2012 年版，第 157 页。

的"注意力"。

二、国外关于报业转型的研究现状

随着数字技术的不断发展，报业强国也不断面临着挑战。以美国为例，2008 年至 2011 年，共有 200 多份美国报纸倒闭，大量报纸实施"停刊转网"战略。报业出版商开始转向新业务，特别是从网上订阅中获取更多收入，2012 年美国报业的总营业收入为 386 亿美元，同比下降 2%，下滑速度为 6 年来最慢。美国已有 400 余家报纸向在线访问者收取费用，基于此，美国报业的发行收入为 104 亿美元，增长 5%，这是自 2003 年以来首次实现增长。越来越多的学界和业界人士将报业转型作为拯救传统报业的唯一有效途径。学者们主要是从报业转型过程中的信息传播渠道和传播内容、受众以及盈利模式等方面进行了研究。

在转型过程中报业的传播渠道已经改变，不再是等着受众寻找信息，而是将信息推送到用户面前。有很多学者对报业转型进程中传播渠道的发展历程作了梳理。早期的数字报纸倾向于用邮箱的方式将信息传送到受众，邮件中有报纸网站的链接，希望受众可以以相对快速、简单的方式，以及低成本获取信息。然而，有很多学者都指出了这种传播渠道很快就被淘汰的原因，因为使用邮箱的传递方式缺乏真正的个性化内容，受众疲于应付收件箱里堆积如山的邮件，他们会直接删除，或是仅仅阅读摘要部分，而不会打开链接，所以报纸网站的流量也不会增加。RSS（Really Simple Syndication）使用的是 XML 格式和关键词来收集和传递链接、标题和其他内容，这是成为个性化的新闻软件或者是新闻网页的关键。虽然 RSS 技术早在 1994 年就出现了，但是直到 2004 年才被广泛运用于报纸产业。很多报业管理者都将 RSS 视为增加报纸网站流量的法宝。道格·约翰逊（Doug Johnson）在其文章中谈到，以 RSS 为代表的简易信息聚合工具可以实现"从静态的单向大众传播向互动式的个人传播媒介"① 转变。随着 Web2.0 的出现，受众不再是仅仅被动接受信息内容，而是可以主动生成信息内容。社交媒介开始走进大众视野，MySpace. com、Facebook、Twitter 相继成立。随着社交媒介的兴起，有越来越多的学者开始将研究目光转移到社交媒体上来。报业试图通过社交媒体去迎合老用户，吸引新用户，特别是那些看起来有利可图的年轻人。截止到 2009 年，有 1300 个 Twitter 账号是与报纸有关的。报社或报业集团都希望借助社交媒体与用户建立更加稳定和紧密的关系。纽约时报新闻网站（NYTimes. com）的薇薇安·希勒（Vivian Schiller）将社交媒体的营销看成是 "报纸传播网络新闻和继续生存下去的一个必要战略"。② 在使用 Twitter 一年之后，纽约时报新闻网站的单月访问量从 1460 万上升到 2000 万，波士顿环球报新闻网站（Boston. com）的访问量上涨 102%，洛杉矶时报新闻网站（Los Angeles. com）的访问量上升 94%。③ 华尔街日报（Wall Street Journal）通过社交媒体推荐之后，点击率上涨 7%。④ 近年来，智能手机、电子阅读器和 Pads 等移动设备广泛运用于报纸产业。这些移动设备不再像电脑那样，而是模拟传统报纸，让用户能够拥有与阅读纸质印刷报纸一样的体验。埃米特（Emmett）认为移动设备将与其他媒介互补，更加智能化和具有可读性，视听一体化，与用户的关系更加紧密。⑤ 通过移动设备传播新闻的媒体数量从 2008 年 5 月的 107 个迅速上升到 2010 年 10 月的 1000 多个。2011 年，詹妮弗·吉尔（Jennifer D. Greer）和闫岩（Yan Yan）通过对

① Doug Johnson. Blogging and the Media Specialist. *Learning and Leading with Technology*, 2006, 33 (6): 24-25.

② Jennifer D. Greer, Yan Yan. Newspapers Connect with Readers through Multiple Digital Tools. *Newspaper Research Journal*, 2011, 32 (4): 83-97.

③ Jennifer D. Greer, Yan Yan. Newspapers Connect with Readers through Multiple Digital Tools. *Newspaper Research Journal*, 2011, 32 (4): 83-97.

④ Ken Doctor. A Message for Journalists: It's Time to Flex Old Muscles in New Ways. *Nieman Reports*, 2010, 64 (2): 45-47.

⑤ Arielle Emmett. Handheld Headlines. *American Journalism Review*, 2008 (4): 25-29.

357 家美国英语报纸的抽样调查，发现有 74.2% 的报纸采用 RSS 作为传播工具，36.4% 的报纸采用 E-mail，34.7% 的报纸采用移动文本，31.4% 的报纸采用 Twitter，17.1% 的报纸采用 Facebook，只有 1.1% 的报纸采用 MySpace。可以看出，新闻内容的传播渠道依然以 RSS 为主，电子邮件、移动设备和 Twitter 旗鼓相当，而 Facebook 已经完全取代 MySpace，MySpace 几乎被淘汰。在报业转型进程中，传播渠道由最初的邮箱发展到网站，再到社交媒介，传播渠道呈现出多元化的趋势，传播渠道由最初的单向传播发展为双向传播，与用户的互动性更强。

在关于传播内容的研究方面，早期的报业转型并没有很好地利用数字媒体，本·斯哥特（Ben Scott）认为：早期的数字报纸只是纸质报纸的盗版和简单复制。① 随着数字报业的发展，定制内容和个性化内容逐步取代静态内容。② 读者对新闻内容的选择更倾向于基于个人兴趣的异质化内容，而不再是传统意义上的新闻内容，获取新闻信息也不再是为了"与时俱进"。在数字报业的传播内容研究中，融合新闻成为近十年来学者们的研究重点。2005 年，奎因·史蒂芬（Quinn Stephen）出版了《融合新闻导论》和《融合新闻：多媒体报道的基础》，详细论述了如何写作融合新闻，使内容供不同的媒介使用。2008 年，杰瑞弗·威尔金森（Jeffrey S. Wilkinson）出版的《融合新闻学原理》介绍了融合新闻的采访技巧、写作技巧以及在传播过程中所需要的技术支撑，为"媒体融合"专业提供了难得的教学素材。

除此之外，学者对传播内容的伦理道德也给予了关注。在媒体转型进程中，由于时效性和互动性增强，个人的犯罪记录、历史记录和个人隐私常常包含在传播内容之中，一部分学者认为应该保持传播内容的完整性，而另一部分学者则认为应该把对当事人造成伤害的信息或是不真

---

① Ben Scott. A Contemporary History of Digital Journalism. *Television & New Media*，2005（15）：89-126.

② Kevin Kawamoto. *Digital Journalism：Emerging Media and the Changing Horizons of Journalism.* Rowman & Littlefield，2003：1-30.

实的信息予以删除。阿兰特（Arant）和安德森（Anderson）在《网络媒体的道德：对美国日报编辑的调查》、德兹（Deuze）和耶斯华（Yeshua）在《网络记者面临的新道德困境：以荷兰为例》、贝克姆（Berkman）和苏穆未（Shumway）在《数字困境：网络媒体从业人员的道德问题》中都表达了对数字媒介的传播内容在伦理道德方面的担忧，法律对伦理道德也没有清晰明确的规定。

在关于受众的研究方面，在 2012 年的国际传播学会（International Communication Association）年会上，有学者在以《纸质报纸与数字报纸的媒介使用与用户偏好》为题的论文中，以美国大学生为调查对象，分别检测学生对纽约时报的印刷版、阅读器和网络版的阅读倾向，用 1~10 分对这三种阅读方式的满意度打分。结果发现，调查对象最倾向于用纽约时报阅读器来阅读新闻（8.28），其次是网络版（7.92），最后是印刷版（5.79），阅读器和网络版的分值差距不大。调查对象认为阅读器能够让他们在享受便捷的同时，也能够更好地体验传统印刷的阅读方式。还有一些学者通过深度访谈的方法，得出在纸质报纸停止发行之后，受众对纸质报纸的依附度在短时间内就会消失。但是，只有为数不多的受众会在纸质报纸停止发行之后转而阅读网络报纸。受众对电子阅读器，比如 Kindle 的态度是喜忧参半的，一方面他们认为电子阅读器有着很好的可移动性和可读性，但在另一方面，电子阅读器在内容排版上远不如纸质报纸。利文斯通（Livingstone）认为，在新媒介环境中，受众变得更主动、更富选择性、个人化、自主和多元，兼为媒介内容的生产者和消费者，因此也使传统受众理论面临挑战，研究者的关注重点有必要由"受众"向"用户"转变。简·辛格（Jane B. Singer）认为在数字化背景下，媒介的开放性使受众既是新闻信息的接受者，也是新闻信息的生产者。而专业记者的工作也随之改变，记者需要将大量受众生产的新闻信息予以确认，然后在更广泛的背景下帮助受众了解相关新闻和重要新闻信息。

在关于盈利模式的研究方面，国外对数字报业盈利方式的研究进行得较早，但是目前仍然没有形成成熟的盈利模式。论文和著作都聚焦在某一个或某几个盈利点上，比如广告收入、付费墙业务、内容使用许可收费、数据库服务和其他增值服务等。中马清福在《报业的活路》一书中探讨了报纸网站的盈利模式，认为最终可能是通过增加点击率，从而增加广告，提高信息的质量，也就是通过增加付费信息来收取费用。如果这样不行的话，就放弃出售信息的方法，考虑通过检索或者拍卖获利，新闻部门转为只提供服务，作为招揽顾客的填补方式。① IBM 公司咨询服务业务的全球合伙人索尔·伯姆（Saul Berman）提出了四种传媒业的盈利模式，即传统媒体型，专业人员打造具有品牌效应的内容，通过特定设备有条件地获得；封闭社区型，大部分内容由消费者产生，依然通过特定设备有条件地获得；高度垄断的内容型，内容由专业人员打造，但传播内容的平台是多元和开放的；平台整合型，内容是消费者产生的，而且传播内容的平台是多元和开放。近年来，在付费墙的视域下来探讨报业盈利模式的学者也不少。传媒经济学家肯·多克特（Ken Doctor）考察了包括芬兰 Sanoma 传媒公司、德国 Axel Springer 传媒公司、伦敦《泰晤士报》，以及《纽约时报》等多家报纸的付费墙之后，提出了报纸"付费墙"经营的 5P 原则，即客户（people）、产品（product）、呈现（presentation）、价格（pricing）、促销（promotion）。②米尔斯坦（Milstead）、李尔曼斯（Learmonth）、斯坦尼尔（Steinle）和布朗（Brown）通过分析美国报业的付费墙建设情况，探讨了内容生产以及依据不同内容采取不同收费模式等方面的内容。新闻权益（News Right）在经过三年的试运行之后，于 2012 年正式运作，该组织内新闻机构的新闻内容都会附有跟踪标签，一旦新闻被转载刊登，就会向新闻信息聚合应用提供商收取费用。这种收费方式必须向所有转载新闻信息的机构或

① ［日］中马清福著、崔保国译：《报业的活路》，清华大学出版社 2005 年版，第 92 页。
② 吕尚彬：《谁能够成为构建付费墙的中国报纸》，《中国报业》，2012 年第 23 期。

个人实施，否则将难以成功。在美国、英国、日本，已经有很多报纸开始涉足数据库生意，提供咨询和搜索等服务。比如路透社是全球最重要的基础金属、重金属和农产品的数据提供商，《日本经济新闻》建立的 Nikkei Telecom 数据库将新闻信息聚合，供读者付费检索和下载。

从国外学者的研究可以看出，他们对报业转型的传播渠道、传播内容和受众角色的变化都已经有清晰的认识，但是在盈利模式上，主要研究还是集中在付费信息上，仍然以内容生产作为报业的核心竞争力，并没有从多视角提供盈利模式的构建。

第二节　概念界定

一、媒介融合与媒体融合

美国马萨诸塞州理工大学教授伊契尔·索勒·普尔（Ithiel De Sola Pool）认为媒介融合是指各种媒介呈现多功能一体化的趋势。媒介融合主要出现了两种模式：一种是各种媒介之间的"合作模式"，即"印刷的、音频的、视频的、互动性数字媒体组织之间的战略的、操作的、文化的联盟"；一种是"独立模式"，即各种媒介通过新介质实现新闻信息的聚合，形成独立运行、流程完整、操作规范的新闻生产模式。媒介融合是随着技术发展而产生的，我国烟台日报传媒集团的"全媒体集团"、解放日报报业集团的"4I 战略"、《京华时报》的云报纸，以及报业集团普遍推出的多媒体数字报纸、有声报纸、3D 报纸、报纸二维码等，都属于对媒介融合进行实践的产物。2014 年 8 月 18 日，中央全面深化改革领导小组第四次会议审议通过的《关于推动传统媒体和新兴媒体融合发展的指导意见》提出了"媒体融合"的概念。媒体融合是指媒体增加新闻和信息平台的数量，使稀缺的媒体资源得到最优配置。也就是一个传媒集团拥有多个媒介平台，实现内容的多平台出口，让传播能力最大化。媒体融合需要在掌握多种媒介的处理技术之外，还要有一个内容体系来支撑处理工艺，最终实现内容和通道的良好结合。实践证明，我国报业集团在媒介融合中的实践产物并没有取得较好的传播效果，只是利用技术丰富了新闻报道的呈现形式，而报业自身的核心资产内容却没有发挥出应有的优势。媒体融合的内涵比媒介融合更广，需要通过不同媒介内容传播形态的融合、传播渠道的融合、媒介终端的融合，实现传播能力的最大化的目的。

二、报业数字化转型与报业转型

报业数字化是指："报社使用数字化装备或器材，以计算机信息网络为基础，采用数字化信息进行新闻采集、编辑加工、发布及经营管理。"报业数字化是为传统报纸服务的，只是一种附属品和服务工具，依然是先做报纸，再做网络的思维模式。① 报业数字化最初是以报纸网络版的形式体现出来的，强调的是传统报业的技术转型，是传统报业在数字化时代面对数字媒体的挑战所做出的一种寻求生存的策略选择。报业转型是指报业在面对其他产业的冲击之下，为应对报纸衰退趋势与危机，变革自身运作模式、体制机制、理念思路的过程。② 20 多年的报业实践证明，仅仅依靠报业数字化是难以救报业于危难之中的，因为报业数字化依然遵循的是传统报业的经营理念，走的是"报业+互联网"的路径。而在当下媒体深度融合阶段，报业转型需要依照互联网思维，在互联网的基础上去发展报业，走的应该是"互联网+报业"的路径。报业转型应该是全面的、彻底的、系统的，报业数字化转型只是报业转型的一种，二者不能混为一谈。

---

① 王惠正：《对中国报业数字化发展的思考》，《中国传媒科技》，2004 年第 10 期。
② 陈国权：《报业转型新战略》，新华出版社 2014 年版，第 41 页。

三、数字报业与数字报业产品

数字报业是数字化报业的简称。"数字报业"的概念是在 2005 年的《中国报业发展报告》中首次提出的。在 2006 年 8 月召开的第三届中国报业竞争力年会上,《全国报纸出版业"十一五"发展纲要(2006—2010)》明确提出"大力发展数字报业",认为数字报业是传统报业的战略转型方向。数字报业并不等同于报纸简单的数字改造,而是以"数字化"为引擎,在媒介定位、发展方向、组织结构、管理手段、经营方式、盈利模式等方面的全方位的战略升级和产业再造。① "数字报业"也不等同于"报业数字化",后者强调数字技术对传统报业的技术改造,强调传统报业转型为综合内容供应商的过程,是一种策略层面的调整,也是在网络媒体挑战下做出的防御之举,而"数字报业"则是"报业数字化"的发展产物,是适应新的媒介生态的战略转移和战略升级。② 数字报业产品是在"数字报业"战略转型下所生产制作出来的新闻产品,并且在技术的逐步发展之下,数字报业产品阵营不断壮大,从早期的多媒体数字报纸、网络报纸、电子报纸,到新闻网站,再到"两微一端",产品形态越来越多元,新闻表现形态越来越丰富。

第三节 研究意义与研究方法

一、研究意义

我国的报业转型始于 1995 年,经历了 20 多年的发展之后,虽然数

---

① 娄珍须、贾岳:《从技术到战略——"数字报业"全解析》,《传媒观察》,2007 年第 5 期。

② 冉华、张金海、程明等:《报业数字化生存与转型研究——基于产业发展的视角》,武汉大学出版社 2010 年版,第 51 页。

字报业的探索程度逐步加深，但是依然没有找到明确的报业转型方向，有效的盈利模式仍然没有构建起来。特别是 2012 年，我国报业的广告收入和发行收入双双下滑，遭遇了继 2005 年"拐点"之后的又一次"滑铁卢"，"断崖式"下跌趋势持续。报业转型是摆脱传统报业发展困境的有效方式。本书研究媒体融合背景下我国报业转型的发展策略，有以下两个方面的意义。

从学术意义上讲，本研究将报业转型置于媒体深度融合这一新的社会语境下来探讨，不断补充和完善报业转型的发展模式。本研究从网络经济学、平台经济学、信息学、营销学等多学科出发，对报业转型中的智媒化、平台化和资本化发展策略的实施路径作了深入探讨，丰富了报纸产业发展研究，拓展了媒体融合的学理研究。从实践意义上讲，本研究努力为我国报社或报业集团的转型发展提供中观的发展策略。在新的传媒生态环境下，新闻传播活动发生极大变革，我国报业形态面临重构。本书针对我国报业转型发展的历程和现状，通过横向比较其他产业和国外报业转型的现状，探寻我国报业在转型进程中面临的主要问题，并深入研究问题的成因和影响因素，从智媒化、平台化和资本化三个方面探讨了我国报业的转型范式，并尝试从产品金字塔模式、独特产品模式、客户解决方案模式和多元化模式的角度构建新的盈利模式。本研究的实用性较强，在我国报业在转型进程中遭遇发展方向尚不确定的背景下，提出有针对性的、行之有效的发展策略，具有一定的实践价值。

二、研究方法

（1）文献分析法。通过搜集、鉴别、梳理出版或尚未出版过的资料，形成学理性和规律性的认知。本研究所用文献，大部分是国内外公开发表的关于数字报业、报纸产业、企业管理、市场营销的专著、期刊、论文、报章的相关报道及政府部门相关的出版物等，通过对这些资料长时间动态的整理和研究，能进一步了解中国报业的发展进程和所遇问题，从而找出我国报业转型的发展策略。本研究在收集整理相关文献资料时，充分注意了所引内容的真实可靠性，为了使文献分析法所获得的资料更具可信度，特将同一时期不同刊物的文本进行相互印证、对照后再作分析，以弥补文献分析的研究限制。

（2）定性研究与定量研究相结合的方法。定性研究是基本，通过分析问题、观察理解事件现象和深入分析来回答问题，旨在解决"为什么"的问题。本书运用观察法、专家访谈法、层次分析法来进行深入定性研究，分析报业的竞争环境、现阶段的发展问题以及导致问题产生的原因。定量研究是支撑，通过收集大量的统计数据和统计图表来说明问题和现象，进而分析和解释，旨在解决"是什么"的问题。本书主要是运用调查法来进行定量研究，分析我国报业的转型现状和问题、网民人数变化以及受众使用媒体习惯的变化等，以增强定性分析的说服力和可靠性。

（3）案例分析法。本书中的案例分析法是指将报纸或报业传媒集团在报业转型过程中的事件或行为以案例的形式表现出来。本书将大量国内及国外报纸或报业传媒集团在转型进程中的情况作为案例分析，包括《纽约时报》、《卫报》、《华尔街日报》、浙江日报报业集团、人民日报社、烟台日报传媒集团等，每个案例都是实际情况的描述。这些案例来自实地调研、书籍、网络、期刊等多个渠道，尽量做到开放与多元。通过案例分析，总结每个案例的优缺点，剖析我国报业转型的问题以及发展策略。

（4）比较研究法。本书主要运用了单向比较和综合比较、横向比较与纵向比较、国内比较与国外比较以及定性比较与定量比较等方法。在单向比较和综合比较方面，既包括整个传媒产业、报纸产业的综合比较，也包括产业中广告收入、发行收入、用户人数、经营状况等单向比较；在横向比较与纵向比较方面，既包括传统报业与数字报业的横向经营范围比较，也包括以时间为维度的对产业链的纵向比较；在国内比较与国外比较方面，既包括国内各报业传媒集团的比较，也包括国内与国外报业传媒集团的比较；在定性比较与定量比较方面，既包括报业在媒体融合背景下的发展环境、发展特点、所遇问题等方面的定性比较，也包括在发展现状和趋势上的定量比较。

第二章　我国报业转型的发展历程

第一节　第一阶段（1995—1998 年）：传统报纸 "触网"

1987 年 9 月 20 日，钱天白教授通过中国学术网向世界发出了第一封电子邮件，主题是 "越过长城，通向世界" 八个字，由此我国开始与互联网连接，开启了互联网时代。而我国报业的数字化则出现在 1995 年。1995 年 10 月，《中国贸易报》成为我国第一家走上互联网的报纸。1995 年也被认为是中国网络媒体元年。在这一阶段，报业数字化还仅仅停留在报纸网络版，直接把报纸内容按版面或是类别原封不动地搬到网上。报纸网络版只是作为纸质报纸的延伸，处于可有可无的附庸地位。报业传媒集团之所以创建报纸网络版，更多的是想利用网络的即时性和便捷性，拓展传播渠道，增强报纸的影响力。截至 1996 年底，全国共有 30 余种报纸上网。1997 年，在 CN 下注册的域名中报刊数已达 95 个，大致为当年报刊总数的 1%。特别是人民日报网络版的建立，标志着我国主流媒体开始 "触网"。到 1998 年，全国电子报刊总数达到 127 家。①《中国日报》《广州日报》《人民日报》《光明日报》等都

_____

① 石磊：《分散与融合——数字报业研究》，中国社会科学出版社 2010 年版，第 122 页。

在这一阶段开办了网络版，开始了中国报业数字化的尝试。然而，1997年新浪网成立，1998 年网易和搜狐成立，这些基于 Web2.0 技术而成立的门户网站让报业感受到了数字媒体的优势，认识到仅仅依靠报纸网络版是不够的，也需要像门户网站一样建立起新闻网站。

第二节　第二阶段（1999—2004 年）：新闻网站逐步兴起

在第二阶段，最主要的标志是新闻网站逐步兴起。2000 年 5 月 9 日，《国际互联网新闻宣传事业发展纲要（2000—2002）》发布，首次提出要建立国家重点新闻网站。1999 年到 2001 年，一批冠以"××网"、"××在线"的新闻网站应运而生，比如"中青在线"、"人民网"、"千龙网"、"东方网"等。其中，"千龙网"由北京的九家媒体联合创办，"东方网"由上海的 14 家媒体联合创办。这开启了地方媒体联合创办新闻网站的新模式。但是由于报社或报业集团主办的新闻网站尚处于 Web1.0 时期，注重的是对新闻信息的采编和发布，停留在大众传播和单向传播阶段，同时在这一阶段，商业门户网站也随之出现，包括新浪、网易、搜狐等，拥有了新闻登载资格。网络新闻媒体的阵营在不断壮大的同时，也为新闻网站带来了竞争和挑战。一方面，商业门户网站通过对纸质报纸和新闻网站上信息内容的重新编辑组合和深度加工，能够比单张报纸或单个新闻网站提供更为丰富、更为全面的信息内容；另一方面，由于这些商业门户网站具备 Web2.0 特点，受众规模更加广泛，传播效果更好，报社或报业集团愿意以免费或极低的价格将内容转让给商业门户网站，为他人作嫁衣，"养虎为患"。2000 年，美国的互联网经济泡沫破灭，以技术股为主的纳斯达克综合指数一路下跌。美国的互联网经济泡沫直接影响到我国新闻网站对于新发展道路的尝试和探索。2001 年到 2004 年是我国网络新闻媒体的一个调整期。2001 年我国经历了一次"网络寒潮"，2002 年在经历了全国报纸压缩、兼并以及国家网络管制等一系列事件之后，我国新闻网站的数量有所减少，并逐步稳定下来。这一阶段虽以新闻网站的发展为主，但是 2004 年 7 月 18 日，《中国妇女报》推出第一份彩信版手机报，使数字报业新闻产品得以拓展。

这一时期，虽然传统报业不一定直接感受到了威胁，依然保持茁壮成长的态势，报业传媒集团仍以传统报业为重，传统报业与数字报业各自为政，但是一些业界敏感人士已经捕捉到了威胁来临的信号。中国网络媒体评论家孙坚华发表《互联网：报纸的杀手还是救星》《新媒体的崛起与传统媒体的终结》等文章，客观论述了数字媒体对传统报业的挑战与冲击。

第三节　第三阶段（2005—2011 年）：传统报业与网络媒体的界限日益模糊

在 2005 年，全国报纸广告收入出现大幅下滑，在传媒产业的细分市场中，报纸广告收入的市场份额下滑到第六位，创下滑幅度之最。面对媒介生态环境的急剧变化，报人猛然回首才发现，互联网平台已经呈现出改变一切的态势，传统报业的高速增长期已经成为过去，报业盛世难再。京华时报社的社长吴海明提出了"寒冬论"，比尔·盖茨、菲利普·迈尔、世界报业营销协会会长维尔舍森也纷纷提出了报业"消亡论"。这一阶段，我国互联网进入 Web2.0 时期，随着理念和体系的更新换代，互联网"从原来的自上而下的由少数资源控制者集中控制主导的互联网体系转变为自下而上的由广大用户集体智慧和力量主导的互联网体系"。① 在新闻传播过程中，互联网更加注重受众的参与，受众的地位提高，由被动接受信息变为主动接受和发布信息。因此，以

---

① 彭兰：《数字媒体传播概论》，高等教育出版社 2011 年版，第 8 页。

2005 年为界，中国报业的媒体融合进入了以博客、播客、微博为代表的自媒体阶段。

面对报纸受众的分流，传统报纸与网络媒体的边界逐步模糊，新闻出版总署报刊司在《中国报业发展报告 2005》中，首次提出要确立数字报业发展战略，充分利用产业资源，加快报业向数字化方向转变，以顺应传媒生态变化。《报刊业"十二五"时期发展规划》提出将报刊业数字化发展列为未来传统报刊业发展的重要方向。对于推动报刊数字化转型与产业升级，《报刊业"十二五"时期发展规划》的具体要求包括：第一，分类推进报刊业数字化进程，对区域性报纸、专业性报纸、学术性期刊等媒体的数字化发展提出具体建议。第二，建设全国报刊数字化重点项目，主要包括国家学术论文数字化发布平台、全国报刊电子样本库等。第三，鼓励报刊产业化升级的数字化产业化探索和基地建设。针对数字化发展过程中内容、技术、平台脱节的问题，鼓励基于互联网平台的新闻信息门户网站和报刊新媒体出版产品的建设，鼓励媒体单位积极探索成熟的报刊数字化信息服务商业运营模式。同时，推进报刊数字化项目实现产业化，开发新业务、新应用。第四，解决制约报刊数字出版的基础性问题，包括标准、人才、资金、版权保护等突出问题。

在这一阶段，报业的"数字化"建设早已成为进入新媒体时代后传统媒体的共同选择，并得到新闻出版总署的大力指导与支持。首先，手机报快速发展。继 2004 年 7 月 18 日，《中国妇女报》推出第一份彩信版手机报以来，《浙江日报》《南方日报》《南方都市报》《华西都市报》相继推出手机报。2009 年，我国手机报进入高速成长期，手机报总数超过 1500 种。2011 年我国手机报的普及率已经达到 39.6%。① 其次，新型数字报纸不断研发出来。2006 年，宁波日报报业集团在宁波

---

① CNNIC：《中国手机媒体研究报告》，http：//wenku. baidu. com/link？url＝-rTYrUFPaeF-ogXEZxqBXLdIdUso4yXUt9L1NL0Tz-GytiNiVJaVystTA8x6W6rrr8aVhWGekBhEDd-i0C03KbuXHORxJUTS_ 5nsjS7yEcC。

网上发布国内第一份多媒体数字报纸《播报》，成都日报报业集团出版了国内第一张每日出刊的电子报《DIGJOY 日报》，解放日报报业集团在"4I"战略下，推出了网络新闻咨询（i-news）、电子杂志（i-mook）、电子阅读器版的数字报纸（i-paper）和在街头屏幕上以字幕滚动方式播出新闻的数字报纸（i-street）。2007 年，随着 Kindle 的推出，我国报业也开始纷纷探索移动阅读业务，手机、电子阅读器成为主要的移动阅读终端。截至 2011 年，报纸推出的 APP 新闻客户端数量已超过80 个。再次，我国报业正加紧建设复合媒体数字化运营平台，加快从传统媒体向全媒体的转型。2008 年初，新闻出版总署全面启动了"全媒体数字采编发布系统工程"，并确定南方报业传媒集团、中国安全生产报社、烟台日报传媒集团等单位为报纸全媒体出版领域应用示范单位，进行数字复合出版的研发和试点。随后烟台日报传媒集团和宁波日报报业集团成立全媒体新闻中心。2009 年 6 月，宁波日报报业集团投资 3000 万元打造的"报业全媒体数字采编发布系统"通过验收。新闻出版总署高度重视复合媒体的发展，积极推动在多个出版平台上对出版内容进行深度开发和加工，实现一次性生产，多媒体发布。2007 年 4 月，温州日报报业集团推出首个数字报纸收费订阅系统平台，开始了"付费墙"业务的探索。

在这一阶段，有越来越多的报业集团开始重塑发展理念，目的是让传统媒体真正收复失地。从传统平面媒体向全媒体的立体发展趋势并不是抛弃平面媒体，而是在全面发挥报纸的核心竞争力的基础上积极发展新媒体，让传统媒体与新媒体实现资源整合，优势互补。南方报业传媒集团在理念上提出要从"内容提供商"转变为"全媒体信息服务商"，不仅高度重视内容的采集和信息的加工，而且高度重视渠道的选择、建设以及高效的信息服务。以解放日报报业集团、宁波日报报业集团为代表的报业方阵已建立起相对成熟与完善的数字化发展体系。

第四节 第四阶段（2012— ）：报业媒体融合朝纵深方向发展

2012 年，我国传统报业面临广告与发行收入的双重下滑，遭遇了继 2005 年拐点之后的又一次"滑铁卢"。在互联网企业的强势发展之下，传统报业的生存空间进一步压缩。为了应对更为严峻的形势，我国报业媒体融合朝纵深方向发展。在内忧外患的发展形势之下，部分报媒已主动从"新媒体的票友"转型成为"新媒体的专业操盘手"，从内容生产、终端呈现到平台运营、资本运作等各方面全面融入互联网。

数字报业的产品阵营继续扩大。2009 年新浪推出微博业务，但是直到 2012 年微博才在报业中火爆起来。2012 年 7 月，人民日报的官方微博正式亮相，政务微博在 2012 年迅速发展，其数量已超过 6 万个。截至 2011 年 9 月 10 日，报纸媒体及其栏目微博共有 576 家。① 自 2012 年以来，有越来越多的传统报纸在新浪、腾讯上开设官方微博。另外，2011 年腾讯推出微信业务，自 2013 年开始，我国报社或报业集团快速发展数字报业的微信业务，2014 年 1 月 5 日，人民日报的官方微信亮相。在数字报业产品阵营中官方微博、微信依然处于弱势地位，但是如何利用好新媒介引领网络舆论，还需要业界和学界的共同探索。2012 年 5 月，《京华时报》推出的云报纸同样成为焦点，将云技术、图像识别技术与传统的纸质报纸结合，探索广告和电子商务的新发展模式。在投融资方面，整体上市和大规模并购趋势开始增强。2012 年 4 月，人民网成功登录 A 股，开启了我国新闻网站整体上市的序幕。2012 年有

---

① 崔保国：《2013 年中国传媒发展报告》，社会科学文献出版社 2013 年版，第 78 页。

近50家主流媒体网站开始了改制上市的计划。2012年6月，通过资产重组之后的粤传媒成为继浙报传媒之后第二家经营性资产整体上市的报业集团。2012年5月，浙报传媒以32亿元的价格收购盛大旗下的边锋和浩方，涉足网络游戏，这也是为全媒体战略布局所走的重要一步，试图"用互联网的基因打造一个用户聚集平台"。① 这样的大手笔并购在以前是很难看到的。在内容生产上深度挖掘也成为报业发展的趋势，上海报业集团积极打造的财经新媒体项目"界面"，除了招募集团内部的财经部和经济部记者之外，更倾向于来自金融机构和行业内的"期权记者"，以便能够第一时间拿到上市公司的内部消息，能够核实市场上流传的金融信息和商业信息。界面的定位类似彭博社的金融媒体电商，涉足金融服务业。无论该项目最后呈现出的效果如何，界面都是报业传媒集团向大传媒产业转型的一次有益尝试。在投融资方面，随着政策环境的进一步宽松，报业上市公司一股独大的现状将会有所改变，积极拓展融资渠道，并购的步伐也将会进一步扩大，跨媒介、跨行业、跨所有制，甚至跨国界的并购将会出现。随着大数据技术、云技术、人工智能技术的发展，报媒的产品阵营将会不断扩大，报业集团会根据用户需求、媒介特点和内容定位，有选择性地选取其中几种进行有层次的新闻内容传播。

纵观这一阶段的报业实践，报社或报业集团的转型主要呈现出两条主要路径：一种是以人民日报社为代表，在引入新技术的基础上，仍然以优质内容作为核心竞争力，注重数字内容生产和内容挖掘；另一种是以浙江日报报业集团为代表的资本化趋势，在"传媒控制资本，资本壮大传媒"的理念指导下，通过投资来布局全媒体平台，新闻媒体平台同游戏平台、孵化平台、投资平台等一起构成报业集团的主营业务。

2017年1月5日，中共中央政治局委员、中央书记处书记、中宣

---

① 崔保国：《2013年中国传媒发展报告》，社会科学文献出版社2013年版，第74页。

部部长刘奇葆出席推进媒体深度融合工作座谈会，强调要坚定不移推进传统媒体和新兴媒体深度融合，尽快从相"加"阶段迈向相"融"阶段，实现融为一体、合而为一，不断提高新闻舆论传播力、引导力、影响力、公信力。① 由此，报业正式迈入媒体深度融合阶段。

---

① 《刘奇葆强调坚定不移推进媒体深度融合》，《人民日报》，2017 年 1 月 6 日，第 4 版。

第三章　我国报业转型的环境分析

环境分析法常运用于经营管理领域，是根据对企业面临的外部环境和内部环境的系统分析，推断环境可能对企业产生的风险与潜在损失的一种识别风险的方法。近年来，我国报业发展环境变化迅速，报业发展策略的制定与环境之间存在着密切关系，环境分析是发展策略制定的基础，直接影响到发展策略制定的优劣。市场环境是报业赖以生存的基础，内部环境中的生产、技术、管理、从业者等，外部环境中的用户、竞争者、政府等，都是报业从事生产经营活动所需要素的重要来源。报业在转型过程中不能一味地受环境所支配，而是要适应环境，根据环境的变化适时做出战略选择，在不断变化的环境中求得生存和发展。

第一节　我国报业转型的外部环境分析

任何一个报业集团都不是孤立存在的，都会受到外部环境的影响。外部环境分为宏观环境和微观环境，宏观环境主要包括政治环境、经济环境、技术环境和社会文化环境，对报业集团的经营活动产生间接影响，通常不可控，且具有波动性和差异性。微观环境主要包括市场需求、竞争环境和资源环境，对报业集团的经营活动产生直接影响，通常容易被识别。

一、移动互联网主导地位强化

根据第 39 次《中国互联网络发展状况统计报告》的数据，近十年来我国网民规模从 2007 年的 21000 万人增加到 2016 年的 73125 万人，增长幅度高达 248%，但是如图 3-1 所示，我国网民规模的增长率却整体呈现出下降趋势，2008 年的增长率为 41.90%，而到 2016 年增长速度仅为 6.25%，我国网民规模已经由以前量的增长转变为质的增长。

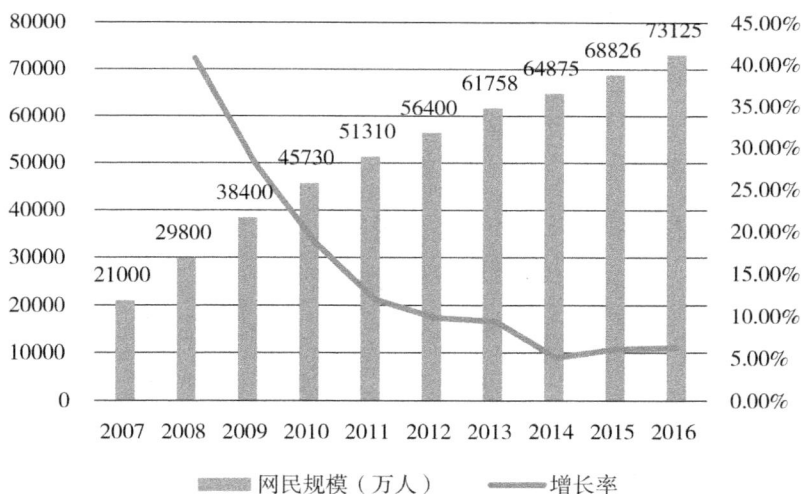

图 3-1　网民规模及增长率

首先，我国网民已经完成了向移动终端的转移。如图 3-2 所示，我国手机网民规模保持持续增长势头，从 2007 年的 5040 万人增长到 2016 年的 69531 万人，占总体网民规模的比例也从 24.00% 上涨到 95.09%。除了规模的增加，网民在移动终端上的上网时长也超过 PC 端，根据腾讯网科技频道企鹅智库团队的问卷调查数据，日均使用超过 1 小时的用户占比达到 81.5%，近半数用户是移动终端重度用户，每天使用移动终端时间在 3 小时及以上的用户比例为 **46.6%**。①

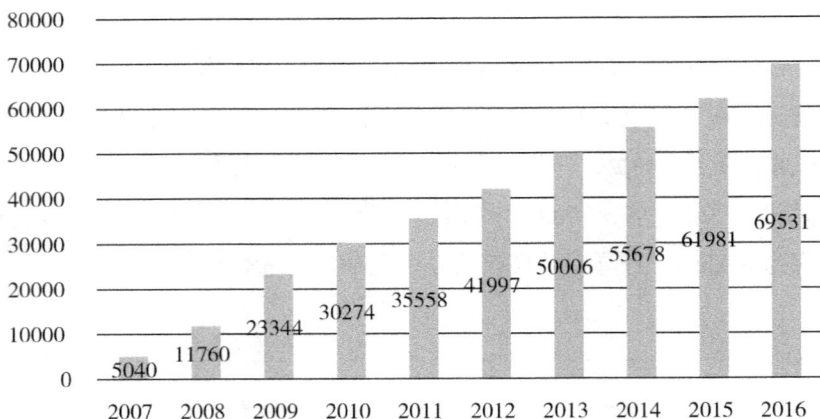

图 3-2　我国手机网民规模（万人）

其次，随着各类手机 APP 客户端在内容上的差异化和细分化，用户粘性增强。2016 年各类手机应用的用户规模不断上升，越来越多的用户在手机上完成搜索、支付、购物、游戏、教育等行为，其中手机即时通信、手机网络新闻、手机搜索的网民使用率均超过 **80%**，手机外卖和手机在线教育课程规模增长明显，年增长率分别达到 **86.2%** 和 **84.8%**。移动互联网主导地位强化也推动了消费模式共享化、设备智能化和场景多元化。

二、网民的年轻化特征凸显

根据 2013 年至 2017 年发布的《中国互联网络发展状况统计报告》的数据，如图 3-3 所示，近五年我国 30 岁以下的网民数量稳定在整个

①　彭兰：《智媒化：未来媒体浪潮——新媒体发展趋势报告（2016）》，《国际新闻界》，2016 年第 11 期。

网民数量的 56% 左右，网民的年轻化特征使得网民在网络新闻信息的传播过程中呈现个性化、自主化和不稳定性的态势。

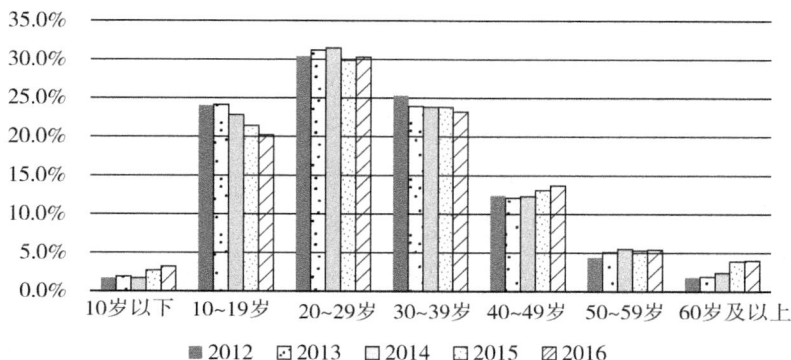

图 3-3 我国网民的年龄分布图

　　网民的年轻化特征使得他们对网络应用的专业化要求提升，对新闻网站、微博、微信、APP 客户端等数字报业新闻产品内容提出更高的要求，只有人性化、个性化和便捷化的操作才能留住他们的"注意力"。相比年长网民，年轻网民对新媒介技术的接受度和认可度更高，他们成为尝试数据新闻、VR 新闻、传感器新闻等新型新闻形态的主力军。年轻网民的需求变化非常快，一旦现有产品的内容或服务不能满足他们的需求，就会引起网民的吐槽，然后会马上离开，转而投向其他媒介。此外，数字报业新闻产品从一开始就是以免费阅读的形式出现在读者面前的，读者用户对这种免费阅读的惯性是不容易在短时间内改变的，用户付费阅读的意愿低。然而，经过各平台近年来对用户付费获得优质内容的持续教育，新媒体用户，特别是年轻一代网民对知识付费的意识开始增强，更加愿意为碎片化和精简化的信息获取而付费。到 2016 年，有近半用户已产生付费行为或打算付费。①

---

　　① 艾瑞：《中国网络新媒体崛起，用户付费意愿逐步养成》，http：//www.iresearch. com. cn/view/261888. html。

传统报业一直以来都是以"内容为王",以权威性和独家性的新闻内容来吸引受众,扩大报纸的发行量,再以发行量为筹码,经过"二次销售",获得广告收入。遵循这一价值链,传统报业在运营过程中一直是"重采编、轻经营",将内容采编作为核心业务,以自上而下的方式推送到受众面前,受众别无选择,只能被动地接受新闻内容。这种运营模式在信息匮乏年代是行之有效的。现在,随着信息爆炸式增长,卖方市场转向买方市场,用户的注意力资源成为稀缺资源,特别是作为网民的主力军,30 岁以下网民对新闻内容个性化、人性化和专业化的要求提高,使得报业要想获得用户回流,特别是年轻用户的回流,就必须从以内容为王转变为以用户为王。高质量的新闻产品是实现收费的基础。随着数字技术和网络技术的发展,用户对新闻内容的需求产生了极大的变化,"大而全"的新闻内容已经不足以吸引用户的"注意力",内容产品的同质化和模糊定位是没有出路的。用户需要的是个性化、专业化、生动化的独具价值的新闻产品。只有新闻内容足够优秀,用户才会放弃"免费午餐"。

三、媒介技术更迭加速

所谓媒介技术,也称传播技术,指的是人类为驾驭信息传播、不断提高信息的生产与传播效率所采用的工具、手段、知识和操作技艺的总称。[1] 传播媒介的发展进程经历了口语传播时代、文字传播时代、印刷传播时代、电子传播时代、新媒体与数字传播时代。在传统媒体时代,媒介技术的更迭周期较长,需要几百年甚至更长时间,300 万年前出现口语传播,公元前 3000 年进入文字传播时代,印刷传播时代出现于1045 年,1838 年后进入电子传播时代,20 世纪初期出现广播,20 世纪

---

① 百度百科,https：//baike. baidu. com/item/%E5%AA%92%E4%BB%8B%E6%8A%80%E6%9C%AF/16220845？fr＝aladdin。

中期出现电视，20 世纪末期出现网络。在新媒体时代，媒介技术的迭代速度明显加快，20 世纪 60 年代出现的可穿戴技术，20 世纪 70 年代出现的虚拟现实技术，20 世纪 80 年代出现的二维码等，迭代周期已经被压缩至十年左右，而且还有继续加速的趋势。

从论坛、博客、QQ 到微博、微信，技术是实现平台迭代速度加快的保障。在互联网时代，能够在竞争中获取优势的平台都是不断进行软件技术迭代进化的平台。Lehman 是最早研究软件进化的学者，他提出了两条著名的"Lehman 定律"，即实际应用中的软件产品必须不断地改变，不然它将变得越来越没有实用价值；随着软件产品的不断变更，它的结构将变得越来越复杂而难以维护，除非有专门的工作去避免这种情形的产生。① 因此，媒介技术的更迭加速是推动媒体平台不断优化的先决条件，是实现媒体稳定高效运营的保障。

四、互联网企业强势崛起

在报业转型过程中，潜在进入者进入传媒产业的门槛越来越低，替代品越来越多，这使得我国报社或报业集团同时面临着进入威胁和替代威胁。除了来自报纸产业内部的竞争，还有来自门户网站、社交网站、电信运营商的竞争。2011 年 2 月，雅虎公司推出了所谓的"数字报摊"Livestand，根据用户兴趣为其提供网页内容。2013 年 10 月，搜狐新闻开始改版，无主题、无逻辑、大而全以及"about 新闻"将被淘汰，取而代之的是追求有"速度、角度、高度、深度、态度"的新闻。新浪新闻、搜狐新闻、网易新闻、腾讯新闻和百度新闻的日均 IP 访问量均超过百万，远远超过报业传媒集团主办的新闻网站和多媒体数字报的日均 IP 访问量。2013 年 3 月，Facebook 创始人兼首席执行官马克·扎克

---

① M. M. Lehman, L. A. Belady. *Program Evolution-Processes of Software Change*. Academic Press，1985：87.

伯格谈到正在考虑为每一位用户重新设计一份"个性化的报纸",宣称没有任何两份报纸是相同的,报纸上的内容都是依据用户的兴趣爱好,一切都是个性化服务。截止到 2016 年底,新浪微博月活跃用户数突破 3 亿,移动端占比达 90%,① 腾讯微信月活跃用户数为 8.89 亿,正式超越 QQ,成为腾讯第一大平台。微博和微信的快速发展,聚拢了大量年轻用户群,抢占了我国报社或报业集团的潜在用户。这些门户网站和社交网站从一开始就是按照互联网的思维来经营,企业制度比较健全,没有太多的政策和体制的束缚,在资金和技术的投入上比报社或报业集团更具优势。因此,门户网站和社交网站为报社或报业集团的报业转型带来了巨大的挑战。

互联网企业在新闻传播领域的快速崛起,进一步分流报业用户,压缩报业的利润空间,特别是 2015 年,移动新闻资讯行业迅猛发展更是为报业生存带来重大挑战。根据 TalkingData 公布的数据,截止到 2015 年底,移动端新闻资讯用户规模达到 9 亿,在移动端渗透率为 70.3%。② 大数据背景下,以"今日头条"为代表的搜索、推荐类新闻客户端凭借技术优势成为业界焦点。通过数据挖掘、信息检索、人工智能等技术手段,今日头条得以源源不断地个性化推送用户真正感兴趣的信息。根据今日头条创始人、首席执行官张一鸣在 2016 年世界互联网大会上的演讲,截止到 2016 年 10 月,今日头条已经累计有 6 亿的激活用户,1.4 亿活跃用户,每天每个用户使用达 76 分钟,这远远领先于报业集团旗下移动客户端用户规模的大小和使用时长。2016 年,今日头条的年度广告营收为 80 亿元,超过历史上所有的报纸和新闻媒体广

---

① 《2016 年底微博月活跃用户数突破 3 亿 移动端占比达 90%》,http://finance. sina. com. cn/roll/2017-02-23/doc-ifyavwcv8619947. shtml。

② 崔保国:《中国传媒产业发展报告(2016)》,社会科学文献出版社 2016 年版,第 8 页。

告营收记录。①

五、市场中介组织机构的培育滞后

2011 年 10 月，《中共中央关于深化文化体制改革推动社会主义文化大发展大繁荣若干重大问题的决定》明确指出要培养一批具有国际竞争力的文化企业和中介机构。中介机构是市场机制的有机组成部分，是市场经济良性运行和发展的重要保障。在市场条件下，政府不可能也没有必要对所有的经济组织以及纷繁复杂的经济行为进行管理。政府和报社或报业集团之间有着很大的空间，这就需要中介组织在其间扮演协调器和润滑剂的作用。在报业转型的进程中，报业的产业边界面临拓展，从单一的报纸产业发展到大传媒产业，产业也面临重新定位，从内容提供商到信息服务商。产业边界的拓展以及产业的重新定位需要市场上的中介组织机构能够为报社或报业集团的转型发展提供相匹配的企业机构。在报业市场上需要通过资产评估公司、交易咨询公司、租赁公司、会计师事务所等中介组织来作为独立于政府的第三方权威稽核机构，为报业转型提供资产评估服务、交易咨询服务、租赁服务、会计审计服务、知识产权服务、技术咨询服务、人才培训服务、法律咨询服务等。另外，中介组织机构发布的资料以及数据能够为广告主、用户以及竞争对手提供很好的参考和指导工作，避免报社或报业集团之间的恶性竞争，从而有利于提高整个报纸产业的发展水平。中介组织机构既要独立于报社或报业集团，也要独立于政府机构，做到公平、公正、公开。报社或报业集团通过招标投标的方式选择中介组织机构，中介组织机构负责报社或报业集团的审计、数据统计发布等工作，报社或报业集团把主要精力放在提升自身实力上，为用户提供更好的新闻内容产品。在中

---

① 崔保国：《中国传媒产业发展报告（2017）》，社会科学文献出版社 2017 年版，第 15 页。

介组织机构的建设方面，北美的发行量稽查局（简称 ABC）提供了很好的范例。ABC 作为报业市场的中介机构，由广告客户、广告公司和报社或报业集团共同组成，定期向全体会员公布经核查的报刊发行量数据。ABC 的基本职能主要有：公布由会员单位提供的标准化的发行量报表；由核查员对所有相关的原始票据进行审计以核实发行量报表中所显示的数据；向全体会员公布经核查的报刊发行量数据。其原则是，只报告事实，不附带任何观点。① 而我国报业在转型进程中，中介组织机构的培育明显滞后。

第二节　我国报业转型的内部环境分析

产业环境是指对处于同一产业内的组织都会产生影响的环境因素。与一般环境不同的是，产业环境只对处于某一特定产业内的企业以及与该产业存在业务关系的企业产生影响。报业转型的内部环境分析实际上是对报业转型期间的产业环境分析，包括报业的生产经营规模、产业状况、竞争状况、从业者状况、行业发展前景等。

一、传统报业经营业绩普遍下滑

我国报业转型的"存量逻辑"直接导致的问题是，虽然"两微一端"的移动终端纷纷建立，新闻呈现形式越来越丰富，但是却没有为报社或报业集团带来效益和收入。就整个报纸产业来看，如表 3-1 所示，从 2012 年到 2016 年，其占整个传媒产业产值规模的比重呈现下降趋势。2012 年，报纸产业产值规模出现多年来的首次负增长，下滑

① 郭全中：《传媒单位转企改制不是终点站》，《青年记者》，2008 年第 28 期。

5.8%，随后五年，虽下滑幅度有所缓解，但依然呈现出下跌态势。报纸产业的主要收入来源依然是广告，2012 年的报纸广告经营额下降7.5%，是传统媒体中唯一一个增长率为负的媒体，创下广告恢复 30 多年以来的最大降幅。从 2012 年到 2016 年，报纸广告经营额连续五年下降，特别是 2015 年，报纸广告经营额的跌幅达到 35.4%。2016 年的下降幅度有放缓趋势，但依然较去年下降 28.3%。另外，2011 年报纸的发行收入增幅为 12.6%，而在 2012 年则下降 3%，广告收入与发行收入首次出现同时负增长，2014 年至 2016 年，报纸发行收入的跌幅分别为 25%、40% 和 11.5%。这些数据说明我国传统报业的营收呈现"断崖式"下跌趋势，报业转型迫在眉睫。

表 3-1　　　　　　　**2012—2016 年报纸产业营收变化情况**

年份	传媒产业产值规模（亿元）	报纸产业占整个传媒产业的比重	增长率	报纸广告经营额增长率	报纸发行收入增长率
2012	7600.5	9.8%	-5.8%	-7.5%	-3.0%
2013	8902.4	7.8%	-2.0%	-8.1%	2.0%
2014	11361.8	5.1%	-2.7%	-15.0%	-25.0%
2015	12750.3	3.1%	-2.0%	-35.4%	-40.0%
2016	16078.1	1.7%	-1.4%	-28.3%	-11.5%

数据来源：根据 2013 年至 2017 年的《中国传媒产业发展报告》整理得出

随着传统报媒的衰退和报业集团经营重心向新媒体的转移，传统报业占整个报业集团业务的比例下降，一些上市报业开始重组资产。2017年 1 月，浙报传媒表示要剥离新闻传媒业务，包括《浙江日报》和子报等传统纸媒，重组后浙报传媒将变更上市公司名称和主营业务。上市报业集团剥离传统新闻业务资产可能会成为一种趋势。国外报业集团亦是如此，比如 2012 年新闻集团宣布拆分计划，分为一个新闻出版公司，一个 21 世纪福克斯公司，两者在证券市场独立交易，由前者负责《华尔街日报》《泰晤士报》《纽约邮报》等纸媒的运营。2013 年论坛报业集团也宣布一分为二，其中论坛报业发行公司独立运营报纸业务，包括《洛杉矶时报》《芝加哥论坛报》等多家知名报纸。传统新闻业务的剥离将有助于上市报业集团的整体估值，释放其他资产更多的活力，为报业集团带来更大的运营空间。

二、报业从业者面临"本领恐慌"

2013 年 3 月 1 日，在中央党校建校 80 周年庆祝大会暨 2013 年春季学期开学典礼上，中共中央总书记、国家主席习近平引用了延安时期毛泽东的著名论述："我们的队伍里有一种恐慌，不是经济恐慌，也不是政治恐慌，而是本领恐慌。"在媒体融合进程中，报业从业者在新的社会环境中面临前所未有的挑战，在技术运用上、市场运营上和人才管理上存在"本领恐慌"。

我国大部分报业从业者都是文科出身，文字功底深厚，新闻敏感性强，但面对媒介技术的革新，虚拟现实技术、人工智能技术、云技术、大数据技术在新闻传播领域的逐渐渗透，H5 新闻、数据新闻、VR 新闻等新兴新闻类型的日新月异，报业从业者明显感觉到自身在技术能力上的短板。目前，报业从业者可以通过网络平台学习和在职培训等方式提升职业技能，但是却存在缺乏系统性、持续性和针对性等问题，职业技能的习得速度明显滞后于媒介技术的革新速度。技术在未来新闻传播业发展中的支撑作用将会越来越明显，新闻从业人员要正确认识媒体与技术之间的关系，不光要习得技术，更要明确什么时候该用什么技术，技术是为新闻业服务的，切不可因"炫技"而失去新闻的本质。

在新媒体环境下，传统报业原有的"二次销售"盈利模式已经坍塌，然而报业从业者，特别是报业集团管理者，在转企改制之后，在市场运营上存在"本领恐慌"，尚不能自觉地根据传媒生态环境的变化，对内部的组织结构、生产流程、机制和资源进行变革创新，对外部利益相关者的资源进行整合，实现新的价值创造、价值获取和价值锁定。我国报业已经由"产品时代"进入"经营管理新时代"，① 在告别了指令性订阅之后，大部分的报业管理者已经意识到经营管理的重要性，但是由于长期处于事业单位的管理思维之下，即使建立了企业形式，在短期内还不能完全适应市场的要求，市场运作的手段不够丰富，市场运营的方式不够创新。

报业管理者除了面临市场运营上的"本领恐慌"之外，还面临着人才管理上的"本领恐慌"。随着对新闻从业者职业素养要求的提升，一大批 80 后，甚至 90 后的年轻一代进入新闻行业，他们拥有高学历，学习能力强，但是职业流动性也明显增强。如何能够留住青年人才，管理好青年人才，增强年轻新闻从业者对报业集团的归属感是报业集团管理者面临的一大难题。报业管理者应改变论资排辈的观念，建立更具吸引力的职业晋升规则，给予有所作为的年轻人以充分的上升空间，改变"庙堂式"的话语方式，找到与青年人沟通的有效方式，大胆创新激励机制，激发年轻人的工作热情和内在潜能。

三、传统报纸的停、休刊成为新常态

伴随着传统报业市场"断崖式"下跌的是传统报纸的休刊、停刊潮。据不完全统计，2014 年中国停刊或休刊的知名报纸约为 10 家，2015 年这个数字扩大到约 30 家。② 全国一大批报纸集中停、休刊，包括上海的《上海商报》和《上海壹周》，云南的《生活新报》，湖南的《长株潭报》，浙江的《今日早报》等。2016 年，停、休刊势头依然不

---

① 郭全中：《传媒集团战略与管理体制研究》，北京师范大学出版集团 2010年版，第 337 页。
② 崔保国：《中国传媒产业发展报告（2016）》，社会科学文献出版社 2016年版，第 7 页。

减，北京的《京华时报》，上海的《外滩画报》和《东方早报》，浙江的《都市周报》等纷纷宣布停刊或休刊。休刊主要分为短期休刊和长期休刊，2015 年的十一国庆长假，河南郑州的《东方金报》《郑州晚报》，云南昆明的《都市时报》《云南信息报》，山西太原的《山西晚报》《三晋都市报》，辽宁大连的《大连晚报》《半岛晨报》都宣布"经上级主管部门批准"，10 月 1 日至 7 日休刊，10 月 8 日恢复正常出版。这样的短期休刊主要是考虑在新闻议题和广告投放下降期间节约成本。然而，大部分报纸选择的是长期休刊或停刊。这些传统纸媒的停、休刊主要出现两种类型，一种是悲情谢幕，正如《生活新报》在其休刊词中所写"缘分曲终人散，新闻圣徒散落天涯"，这些报媒或因薪资问题，或因市场竞争问题宣布停、休刊，彻底退出历史舞台。另一种是大部分纸媒所选择的停刊转网，如《今日早报》在休刊词中所写："今天，我们告别了一张报纸，但我们并没有离开。"纸质报纸是停刊不停报，原有的新闻报道、舆论引导功能全部转移至报社或报业集团旗下各新媒体，记者继续追问事实、探求真相。

对于传统纸质报纸的停刊休刊潮，不能太过于悲观。2008 年至 2010 年，美国就出现过停刊潮，有超过两百多家报纸停刊。在全行业面临经营困境的压力之下，《纽约时报》《华尔街日报》《华盛顿邮报》等主流媒体开始被迫加速转型，在编辑团队、传播形态、传播策略、资本运营等方面不断改革创新，转型的经历虽然痛苦，但是数字订阅用户的规模不断扩大，收入结构的调整已经完成。以《纽约时报》为例，2015 年 8 月，仅订阅数字版的用户数就已突破 100 万，2016 年，数字订阅用户增长了 50 万人。如图 3-4 所示，2012 年至 2016 年的五年间，《纽约时报》的纸质版广告收入呈现出逐年递减的趋势，而数字版广告收入则整体呈现出逐年递增的趋势。《纽约时报》凭借可观的数字订阅规模获得数十亿美元的生意，现在已经可以在不依靠纸质版的情况下也有资本支持报社的运转。

第二种类型的停刊转网其实是报社或报业集团在传统纸媒处于衰退

图 3-4 《纽约时报》纸质版广告收入与数字版广告收入的对比图

期时选择的一种主动转型，当纸质报纸的传播影响力逐步下降、用户进一步分流、广告收入持续大幅下降、新闻纸价格上涨，而新媒体的原创力、传播力和影响力等核心指标又完全覆盖和超越纸质报纸，纸质报纸的停、休刊实际上是为报社或报业集团向互联网新媒体彻底转型卸下包袱，借以集中资源开发新业态，寻找新契机，为用户提供更快、更深、更贴心、更权威的新闻内容。

四、报纸产业中的"马太效应"形成

"马太效应"是用来形容强者愈强、弱者愈弱的现象。在我国报纸产业发展过程中，两极分化严重，那些拥有政治资源、人才资源、技术资源、资金资源和用户规模的强势报社或报业集团，比如人民日报社、上海报业集团、浙江日报报业集团，在转型过程中呈现出"赢家通吃"的现象，牢牢占据报纸产业的第一梯队位置。

人民日报在全国数字媒体市场上占有绝对的规模优势，根据"新媒体排行榜"和"清博指数"的统计，人民日报"两微一端"的传播力长期居于报纸排名第一位。以人民日报客户端为例，2015年底，其下载量达到1.0073亿，彼时距离该客户端的上线时间仅一年半，① 能取得如此成绩，主要有以下三个方面的原因：一是人民日报在其他平台上拥有海量的用户规模。该报客户端上线时，人民网的日均覆盖人数已达977万，其新浪微博的粉丝也接近5000万，均为报业第一。② 人民日报客户端借助已有海量用户规模的平台进行宣传推广，能够使自身快速获得大数量级用户。二是来自国家和政府部门的大力支持。2016年2月19日，习近平总书记在客户端运营室工作平台听取汇报并录制语音，为全国网友送去元宵节祝福。人民日报客户端制作的题为《总书记的元宵节问候》的融媒体产品，全网点击量突破2.5亿。这成为中国新闻史、网络发展史上的标志性事件。刘云山、刘奇葆等中央领导也多次到人民日报社考察调研，为人民日报客户端的发展提出指导意见。2015年，人民日报的客户端拿到国家媒体融合重点项目资助，虽然资助金额不能与市场上商业平台获得的风投相比，但是也可以看出国家对人民日报媒体融合发展的支持力度。三是强强合作的聚合效应。作为中共中央机关报，人民日报在技术上和传播平台上能够与许多重量级互联网企业达成战略合作。2016年6月，人民日报社与中国最大的互联网企业腾讯签署媒体融合发展创新战略合作协议，共建媒体融合云平台，腾讯提供云计算的技术支持。同月，人民日报社宣布与百度达成战略合作，共同推进传统主流媒体与新兴媒体的融合发展。人民日报社旗下的优质原创内容将在移动端以百家号的形式接入百度产品，并和百度新闻、度秘等战略级产品进行全方位合作，以更好地满足网民多样化需求。③ 同

---

① 辜晓进：《规模优势：报业融合转型的丛林法则——大报转型的马太效应 vs 小报融合的三条出路》，《新闻记者》，2018年第8期。

② 辜晓进：《规模优势：报业融合转型的丛林法则——大报转型的马太效应 vs 小报融合的三条出路》，《新闻记者》，2018年第8期。

③ 《百度与人民日报社战略合作 共推媒体融合创新发展》，http：//tech. huanqiu. com/internet/2016-06/9060023. html。

时，百度还为人民日报的数字化和智能化发展提供人工智能和大数据方面的技术支持。

而反观相当一部分地方报纸，虽然也搭建了"两微一端"平台，但是用户规模却只有几万，甚至几千几百，与第一梯队的报媒产生巨大反差，用户规模的瓶颈成为地方小报在媒体融合转型中的最大障碍。究其原因，主要表现在以下两个方面：第一，地方小报原有的地缘优势弱化。地方报纸凭借多年积累的本地资源，一直以来都是以本地新闻报道见长，但是在网络平台，新闻信息已经"脱域"，面对来自全国各地的海量新闻信息，用户更倾向于选择具有新闻性、刺激性、新鲜性、广泛性的新闻信息，地方新闻资讯的价值逐渐衰落。第二，省级强势报业集团的崛起进一步压缩了地方小报的生存空间。比如，浙江日报报业集团近年来逐步完成了从传统的新闻内容生产者向互联网枢纽型传媒集团的转型，构建了"三圈环流"、"三端齐发"的主阵地，位于核心圈的浙江新闻客户端、浙江手机报、浙江在线和浙江视界构成"四位一体"的传播体系，用户只需关注旗下任意新闻产品，就可以获取几乎涵盖了浙江全部地市甚至一些县的新闻资讯，其优质新闻内容的资源远远大于地方小报。

强势报社或报业集团在多方面的支持下，在用户规模、新闻信息发送量和广告收入等方面都取得了较大幅度的增长，新闻传播形态日渐丰富，而地方小报则在强势报社或报业集团的裹挟下艰难生存，"马太效应"已经在报纸产业中形成。然而靠少数几家强势报社或报业集团的转型是不够的，地方小报需要积极应对当下困境，采取垂直化策略或是嵌入"入口级"平台媒体策略，扬长避短，发挥自身优势。

五、传媒产业政策的红利释放

近五年来，我国传媒产业持续发展，产业规模不断扩大，如图 3-5 所示，传媒产业产值规模从 2012 年的 7600.5 亿元增加到 2016 年的

16078.1 亿元，增幅高达 111.5%，但是整体来看，我国传媒产业产值规模的增值率并不稳定，波动很大。由于发展环境的复杂多变，近年来国家也相继出台了多项引导性政策法规，政策频发成为新常态。

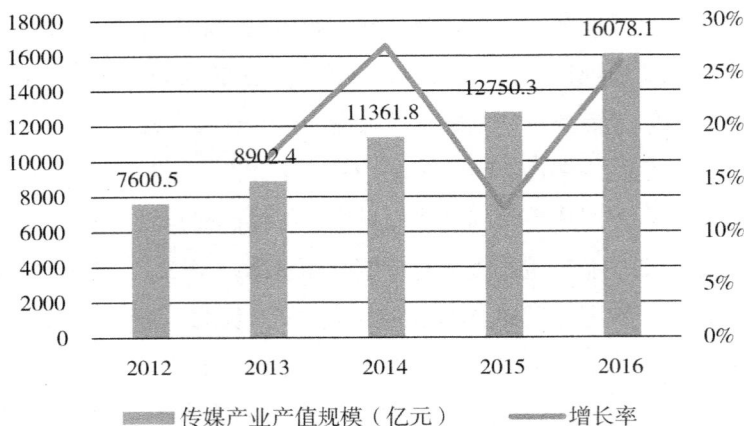

图 3-5 我国传媒产业产值规模及增长率

首先，在三网融合方面，2016 年 3 月 1 日，国务院三网融合工作协调小组办公室发布《关于在全国范围全面推进三网融合工作深入开展的通知》，明确推广阶段双向进入业务许可申请和审批的工作机制，明确中国广播电视网络有限公司申请固定网基础电信业务牌照及各省广电公司申请互联网接入业务牌照资格，明确三家基础电信运营商开展 IPTV 传输业务资格，明确广电企业申请增值电信业务的资格。2016 年 12 月 14 日，中宣部、财政部、国家新闻出版广电总局下发《关于加快推进全国有线电视网络整合发展的意见》，提出将支持中国广播电视网络公司入股非上市有线电视网络公司，推动全国性有线电视网络股份公司上市，并通过股权置换、吸收合并等方式与已上市有线电视网络公司进行整合。在政策强推之下，我国三网融合工作全面推广，行业进展显著。

其次，在传媒产业的国有企业改革方面，文化体制改革已有十余年的时间，目前已经进入改革的深水区。2015 年 8 月 24 日，中共中央、国务院颁布《关于深化国有企业改革的指导意见》，提出推动大型国有企业公司制股份制改革，大力发展混合所有制经济。推进国有经济战略性调整和国有企业并购重组，着力培育一批具有国际竞争力的大企业，完善各类国有资产监督管理制度。2015 年 9 月 14 日，中共中央办公厅、国务院印发的《关于推动国有文化企业把社会效益放在首位、实现社会效益和经济效益相统一的指导意见》，成为传媒国企改革中的指导方针，是实质性推动改革的开始。2016 年 7 月 3 日，中共中央宣传部、中央网络安全和信息化领导小组办公室、财政部、文化部和国家新闻出版广电总局五部门联合发布的《关于深化国有文化企业分类改革的意见》通知，依据企业战略定位、功能作用、改革发展现状及其主营业务和核心业务范围，将国有文化企业分为新闻信息服务、内容创作生产、传播渠道、投资运营和综合经营 5 种类型，区别对待、分类改革，确保资产保值增值，增强核心竞争力，这也标志着政策进入实际操作层面。

再次，在行业监管方面，2016 年我国主管部门对传媒领域的监管明显加强，这也体现了我国推动传媒产业健康发展的决心。2016 年 2 月 4 日，国家新闻出版广电总局、工业和信息化部发布的《网络出版服务管理规定》，要求从事网络出版服务，必须依法经过出版行政主管部门批准，取得《网络出版服务许可证》，同时对网络出版服务单位实行年度核验制度。2016 年 7 月 4 日，国家工商行政管理总局正式发布的《互联网广告管理暂行办法》，明确界定互联网广告包括推销商品或者服务的付费搜索广告。这是我国在规范发展互联网信息搜索服务道路上迈出的重要一步，大大促进了我国互联网信息搜索服务的健康可持续发展，促进互联网广告业的健康发展，维护公平竞争的市场经济秩序。此外，还有 2016 年 6 月 25 日，国家互联网信息办公室发布的《互联网信息搜索服务管理规定》，2016 年 6 月 28 日，国家互联网信息办公室发布的《移动互联网应用程序信息服务管理规定》，2016 年 11 月 7 日通过的《中华人民共和国网络安全法》《电影产业促进法》等。这些行业监管政策涉及范围广泛，将新媒体内容纳入常规监管，落实网络空间的各项治理工作，这将有利于整个产业的健康持续发展。

第四章　我国报业转型的现状分析

2013 年 8 月 19 日，习近平总书记在全国宣传思想工作会议上提出要加快传统媒体和新兴媒体融合发展，充分运用新技术新应用创新媒体传播方式，占领信息传播制高点。2014 年 8 月 18 日，习近平总书记在其主持召开的中央全面深化改革领导小组第四次会议上通报了《关于推动传统媒体和新兴媒体融合发展的指导意见》，强调要推动传统媒体和新兴媒体融合发展，要遵循新闻传播规律和新兴媒体发展规律，强化互联网思维，坚持传统媒体和新兴媒体优势互补、一体发展，坚持先进技术为支撑、内容建设为根本，推动传统媒体和新兴媒体在内容、渠道、平台、经营、管理等方面的深度融合，着力打造一批形态多样、手段先进、具有竞争力的新型主流媒体，建成几家拥有强大实力和传播力、公信力、影响力的新型媒体集团，形成立体多样、融合发展的现代传播体系。2016 年 2 月 19 日，习近平总书记主持召开党的新闻舆论工作座谈会并发表重要讲话，对媒体融合提出具体的路径指导，强调要更多地通过"互联网+"来推动媒体的融合发展，融合发展的关键在"融为一体，合而为一"。在国家顶层战略推动之下，我国报业的媒体融合进程加速，在组织结构、传播体系、新闻内容、商业模式上不断创新探索。

第一节 报业组织结构的变革

媒体融合工作的推进对报业组织结构和新闻从业人员的职业素养提出了更高的要求。首先，要求新闻记者同时采集时间媒体内容和空间媒体内容。时间媒体内容包括音频、视频等动态信息，适合表现现场性信息。空间媒体内容包括文字、照片、绘画、图表等静态信息，具有对信息的集中放大功能，适合深度挖掘新闻信息，让受众进行回味和思考。多样化的新闻信息采集有利于提升不同媒介的多媒体报道，使内容的表现形式更加丰富。其次，要求新闻记者采集全方位的内容信息。新闻内容的采集不仅包括新闻现场的画面和声音，而且还应包括与被采访对象的对话、现场的环境、人物的神态等，将方方面面的信息都采集起来，有利于不同的媒介依据自身的特点，有选择性地采集所需要的新闻信息，通过对新闻信息的再加工，形成有特色、有深度的新闻信息。再次，新闻的采集不光来自职业新闻从业人员，还应包括非专业的"草根记者"。传统报业一方面利用博客、微博、论坛等自媒体，自上而下地从中挖掘有用信息进行二次编辑利用，另一方面鼓励广大网友自下而上地上传文字、图片、音频、视频等，报媒充分开发利用这一巨大的新闻来源，倡导用户参与和互动，不仅可以拓展内容来源，还可以形成对新闻媒体的社会监督和媒介批评。为了应对新媒介环境下的新闻生产活动，报业集团需要重构编辑部组织结构，团队化趋势和无边界化趋势十分明显。

一、报业组织结构的团队化趋势

数字化时代，用户的需求呈现碎片化趋势，大而全的"巨内容"已经不能满足用户的需求，全媒体的"全"并不是指新闻内容通过尽量多的数字终端呈现出来，而是要针对每种媒介的特点和受众的特点，对内容进行二次编辑和深度加工，形成各具特色的内容产品。只有具有独特价值的"微内容"才能吸引用户有限的"注意力"，用户才会愿意为此买单。

为了适应当下用户对专业化内容和垂直化内容的需求，报社或报业集团需要成立由多人组成的跨部门、跨媒体、跨地域、跨专业的"超级团队"来负责某一领域或选题的新闻信息采集，团队成员来自各部门中的精英，分别负责文字、图片、视频、音频等报道任务，呈现出团队化的虚拟型组织结构。虚拟型组织结构是指除少数固定成员外，其他成员均分散于不同部门，在选题驱动下，按照新闻报道的需求从不同部门抽调合适人手，组成临时编辑部，报道完成之后，团队可随即解散。人民日报的融媒体工作室开设了"麻辣财经"、"学习大国"、"一本正经"、"国策说"等 16 个工作室，涉及时政、文化、教育、社会、国际等领域。报社内部人员在不影响原有部门运转和工作的前提下，在一到两名媒体人的主导下，依据自身的专长和兴趣，以自愿参与的形式，加入到不同的工作室，组建内容主创团队。比如"新地平线工作室"由评论部业务骨干牵头，成员分别来自评论部、总编室、新媒体中心、《环球人物》杂志等单位。每个团队三到五人，包括具备报道该题材经验和知识储备的"跑口"记者、技术成员，如果涉及较为复杂的多媒体报道形式，还会从其他部门抽调成员参与图片、音视频制作和可视化设计。团队化的虚拟型组织结构可以根据不同新闻报道的需求，打破不同部门之间、媒体之间、地域之间、专业之间的壁垒，有针对性地抽调人手，形式灵活，可分可合，但是对编辑部内外部的分工衔接、利益分配、沟通融合等方面也提出了更高的要求，团队化的虚拟型组织结构需要确保各生产环节的有效对接，始终把控报道方向。

二、报业组织结构的无边界化趋势

在"中央厨房"模式普遍推行之前，我国报业集团的组织结构出现了三种主要形式。第一种形式以湖北日报传媒集团为代表，成立专门的新媒体运营公司，负责所有数字报业新闻产品内容的采集和生产。在这种组织结构形式下，数字报业各新闻产品都有自己的编辑与记者，数字报业的内容主要来自报业集团的纸质报纸和原创内容。在组织结构上清晰地划分为传统报业和数字报业两块，在重大新闻策划中，两者之间也会有联动，但是两者之间的联系较为松散。第二种形式以南方报业传媒集团为代表，报业集团旗下各报纸的记者和编辑既为传统报纸提供新闻内容，也为数字报业的各新闻产品编辑新闻内容。同一班人马，既负责纸质报纸，又负责新闻网站、手机报、移动便携设备 APP 客户端、官方微博、微信等数字报业的新闻内容。这种形式对记者和编辑的要求非常高，不仅要懂得纸质报纸的新闻采编与运营，还要懂得新媒体的新闻采编与运营，但是却可以节约成本，减少中间环节。第三种形式以烟台日报传媒集团为代表，传媒集团成立全媒体新闻中心，所有记者都归属于全媒体新闻中心，为传媒集团旗下的所有媒体，既包括传统媒体，也包括数字媒体，提供新闻素材。旗下各媒体没有记者，只有编辑，对全媒体新闻中心的新闻素材进行重新组合和深度加工，使新闻内容符合各自的媒介特点和受众特点，形成形态各异的新闻产品。这种形式的组织结构虽然最符合媒体融合的潮流，但是传统报纸与数字报业业务依然是分开运营和管理的，各媒体之间处于分割的态势，新闻网站也是由全媒体新闻中心提供内容，与纸质报纸之间没有直接的联系，集团的主营业务也不甚明晰，而且在实际操作中会遇到很多难题，比如母报与子报的行政级别问题、各子报的关系问题、利益问题等。

早在 2006 年，英国的《每日电讯报》就将公司的 11 个新闻部门全部汇集在一个超大型新闻中心办公室，各媒介的核心领导、编辑构成

新闻总控中心，每一个新闻采编分支呈轮辐状，向四周放射，呈现同心
圆式的"中央辐射型"办公结构。纵向排列的位置形成一条直线，每
条"直线"上的工作人员负责一个新闻版块，比如国际新闻、经济新
闻、体育新闻等，而横向相邻的位置则形成了一条弧线，在同一条弧线
上的人分管内容、设计和生产。① 这种核心管理人员居中、其他工作人
员在四周分布、纵横有序排列的布局是一种极为复杂的网状组织结构，
但却可以极大地提高办公室人员的信息沟通速度和工作效率。这种无边
界化的组织结构模式为我国报业组织结构的变革带来了启示作用，即报
业集团内部生产流程的再造需要以媒体融合为导向，在媒体融合的基础
上，打造完全融合式的组织结构才可以实现可持续发展。

　　自 2016 年以来，人民日报、经济日报、重庆日报报业集团、河南
日报报业集团、大众报业集团等陆续启动"中央厨房"生产模式，以
人民日报为例，如图 4-1，现有的采编联动平台由采访中心、全媒体编
辑中心和技术中心组成，将原来分散在地方部、经社部、政文部、体育
部的记者全部整合到采访中心，将原有的版面编辑任务也移交总编辑室

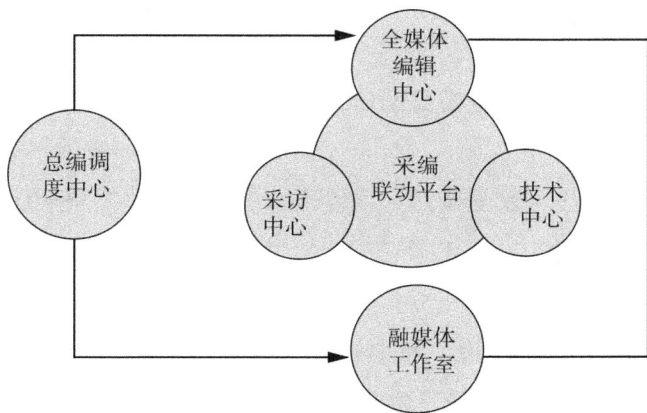

图 4-1　人民日报"中央厨房"组织架构图

────────────

① 王春枝：《整合与改造：欧美报纸编辑部的融合路径》，《中国记者》，
2009 年第 8 期。

负责，技术中心为采访中心和全媒体编辑中心提供技术支持，总编调度中心作为指挥中枢，负责宣传任务统筹、重大选题策划、采访力量指挥，打通不同部门之间、传统纸媒与网络媒体之间的壁垒，在无边界的组织结构运营下，实现统一策划、统一采访、资源共享、统一发布。

第二节 "两微一端"的大举进军

继手机报、多媒体数字报、新闻网站之后，各家报社的官方微博、微信公众号、新闻客户端陆续开通，并成为报业的新媒体标配和标志。在内容上丰富多样，不仅包含文字、图片、视频等多种形式，还兼具时政严肃类新闻内容和生活趣味类新闻内容，并形成跨平台的内容分享。在语言表达上，不再板起面孔搞宣传教化，而是更多采用易于被网民接受的生动活泼的语言。在传播上，互动性明显加强，"两微一端"与新闻网站、纸质报纸协同联动，形成线上线下全方位、多层次的现代传播矩阵。

一、多个微博账号相互配合，实现业务拆分和内容细化

自 2009 年 9 月新浪微博上线以来，用户数量整体呈现快速上升趋势，根据新浪微博 2016 年第三季度的财报数据，截至第三季度，微博月活跃用户 2.97 亿，同比增长 34%。由于微博的快速发展，再加之微博发布信息的方便快捷、短小精炼、成本低、互动性强等特点，自2009 年起我国报纸纷纷开设微博账号，截至 2015 年 8 月，经认证的媒体类微博为 26259 个左右，其中报纸类为 3571 个，约占 21%，① 大大

---

① 程丽：《传统报纸"两微一端"的现状和发展》，《新闻世界》，2017 年第 4 期。

弥补了传统报业在时效性和互动性上的不足。凭借着微博本身附着的巨大用户规模，以及报媒自身在传播内容和传播方式上的改进，一些报纸微博账户已拥有大量粉丝（见表 4-1），特别是人民日报的微博粉丝数，截止到 2017 年 6 月，更是超过 5400 万人，成为中国第一媒体微博，大大提高了新闻内容的传播范围和传播效果。

表 4-1 　　　　　　　　　新浪微博粉丝规模较大的报媒

报纸名称	开通时间	粉丝规模（万人）
人民日报	2012 年 7 月	5440
新闻晨报	2009 年 11 月	3050
每日经济新闻	2009 年 9 月	3018
新京报	2009 年 9 月	2465
光明日报	2013 年 2 月	1882
南方都市报	2009 年 9 月	1318

除此之外，报纸各新闻版块也纷纷开设官方微博账号，以《新闻晨报》为例，除了以"新闻晨报"为名的新浪官方微博账号之外，还有"新闻晨报健康周刊"、"新闻晨报汽车周刊"、"新闻晨报品致"等多个微博账号，实现业务拆分、内容细化，形成多层次传播格局。

二、微信公众号实现新闻信息推送的标签化和栏目化

根据微信团队发布的《2016 微信数据报告》数据，微信 9 月份平均日登录用户达到 7.68 亿，较去年增长 35%，50% 的用户每天使用微信时长达 90 分钟。消息日发送总次数较去年增长 67%。随着 2012 年 8 月微信公众平台正式上线，我国许多报纸媒体纷纷设立微信公众号，充分利用微信平台上的庞大用户群，进一步与移动终端设备用户建立联系，微信公众号成为继微博之后报媒的第二大社交传播平台。

首先，微信公众号具有更强的互动性，除了转发、评论、点赞等基本功能外，用户还可以提问、留言，甚至聊天。其次，为了方便移动用户的浏览和检索，报媒在每次推送的三至五条新闻标题前设置标签，人民日报的常用标签包括"关注"、"实用"、"提醒"、"荐读"、"健康"等。最后，报纸微信公众平台均会设置特定栏目，比如《新京报》设置了"独家"、"微信矩阵"、"新君在此"三大栏目，在"独家"栏目下又包含"直播 ing"和"图个明白"两个子栏目，用视频和图片的形式报道新闻，"微信矩阵"栏目中为用户提供了旗下 27 个微信公众号的二维码，方便用户识别二维码进行关注，进一步扩大《新京报》微信家族的传播范围和影响力，"新君在此"栏目下包含掌上订报、APP下载和商业合作三个子栏目，其中掌上订报是《新京报》为数字版报纸开设的微店，用户可以选择订阅一月期、三月期、半年期和一年期四种类型，用户可在网上直接支付订购。用户点击任意栏目，则会弹出相应的子栏目，既继承了纸媒自身栏目设置的传统，也突出了网络媒体互动即时的特点。

三、自建新闻客户端与入驻聚合类新闻客户端并驾齐驱

自 2014 年开始，我国报业开始涉足新闻客户端，2015 年报媒新闻客户端的数量明显增多，一类是综合类新闻客户端，比如上海报业集团于 2014 年 7 月 22 日上线的"澎湃新闻"、2015 年 3 月 5 日南方报业传媒集团上线"并读新闻"、2015 年 10 月 23 日四川日报报业集团上线"封面新闻"、2015 年 11 月 18 日重庆日报报业集团上线"上游新闻"，内容涵盖时政、科技、生活、财经、文体等多个方面。另一类是垂直类新闻客户端，比如 2015 年 5 月 27 日上海报业集团上线的"界面新闻"，聚焦财经商业新闻，以中国新兴的中产人群为目标用户。垂直类新闻客户端的内容更加专业化和小众化，满足特殊人群的深层次需求。

2015 年下半年，传统媒体新闻客户端达到 231 个。① 自建新闻客户端虽然在运营上更加独立，但是传播影响力却十分有限，因此，除了自有客户端之外，还有很多报媒进驻腾讯新闻、网易新闻、今日头条、搜狐新闻等聚合类新闻客户端，一来可以借助聚合类新闻客户端已有的巨大用户流量，快速提高新闻信息的传播范围，二来可以节约大量的人力、物力和财力成本。以《华西都市报》为例，其自有客户端在安卓市场的下载量仅有几万，但是它 2015 年在今日头条客户端所发文章的总阅读量超过了 30 亿次。②

截至 2016 年 12 月 20 日，中央及各地有代表性的 104 家主流综合性日报，只有《西藏日报》未开通官方微博，而微信公众号的开设率则是百分之百。对客户端的使用就更热了，2016 年又有至少 20 家副省级城市以上报业集团的客户端上线，至 2016 年末，全国内地 31 个省、自治区、直辖市党报集团除宁夏、新疆和西藏外，已全部开通移动新闻客户端。以澎湃新闻、《成都商报》等为代表的客户端，其用户数量已远远超过纸质报纸的读者数量。③ "两微一端"的大举进军，为报业新闻内容的传播提供了新的渠道。报社或报业集团利用"两微一端"的速度、新闻网站的全面和纸质报纸的深度，充分发挥各媒介特点，尝试跨屏互动，多层次的传播体系已经初步建成。

第三节 新闻内容的多样化呈现

随着技术的不断完善和发展，用户对新闻内容的需求发生了极大的

---

① 崔保国：《中国传媒产业发展报告（2017）》，社会科学文献出版社 2017 年版，第 149 页。

② 人民网：《2015 中国媒体移动传播指数报告发布》，http：//media. people. com. cn/n1/2016/0324/c14677-28222730. html。

③ 匡文波、任卓如：《我国报业转型的路径与趋势思考》，《出版广角》，2017 年第 5 期。

变化，"大而全"的新闻内容已经不足以吸引用户的注意力，用户需要的是个性化、专业化、生动化的独具价值的新闻内容。

一、实施大数据战略，打造数据新闻

随着物联网、移动互联网、智能便携终端和云计算技术的发展，人类社会进入了大数据时代。数据正成为与物质资产和人力资本相提并论的重要生产要素。通过云计算对大数据进行分析、预测，会使得人们的决策更加精准，从而释放出更多数据的隐藏价值。① 在大数据时代，新闻媒体不断挖掘数据背后的新闻故事，数据新闻应运而生。数据新闻（data journalism），又称数据驱动新闻（data-driven journalism），是指对数据进行分析与过滤，从而创作出新闻报道的方式。② 数据新闻是基于大数据战略的一种新闻报道方式，遵循的是一种数据在先，文字在后的原则，让数据发声，讲述数字背后的故事。如图 4-2 所示，米可·劳伦兹（Mirko Lorenz）认为数据新闻的生产过程是以数百万，甚至数千万的大数据为基础，庞大的数据经过过滤之后，形成数据地图、时间线、交互性图表等不同的可视化数据新闻形式，最后再来讲述数字背后的故事。在这一过程中，对公众而言，数据的价值在不断提升。

我国较早投身数据新闻生产实践的是以四大门户网站为主的网络媒体，直到 2013 年我国传统媒体才陆续跟进，并将数据新闻作为自身转型的一条重要路径，比如《南方都市报》开设数据版、《华西都市报》开设华西数据版、《长江日报》开设九派新闻等。我国报业在打造叙事类数据新闻时，要通过数据简洁优美地讲述故事，不能追求形式，流于枯燥；在打造调查类数据新闻时，从数以万计的原始数据中挖掘被隐藏

① ［英］维克托·迈尔-舍恩伯格、肯尼思·库克耶著，盛杨燕、周涛译：《大数据时代》，浙江人民出版社 2010 年版，第 20 页。
② 章戈浩：《作为开放新闻的数据新闻——英国〈卫报〉的数据新闻实践》，《新闻记者》，2013 年第 6 期。

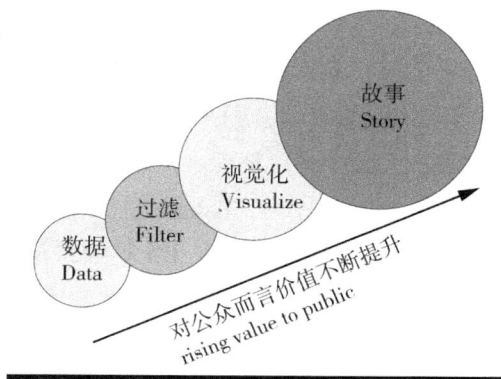

图 4-2　数据新闻的生产过程

的真相，让数据发声；在打造应用类数据新闻时，充分利用与用户联系紧密的数据，帮助用户比较容易、比较充分地理解数据与自身之间的联系成为报道最重要的任务。①

二、实施媒体融合战略，打造融合新闻

在媒体融合的背景下，融合新闻应运而生。融合新闻（Convergence Journalism）又称"多样化新闻"（Multiple Journalism），主要指利用多媒体手段进行新闻传播活动。② "融合新闻产生于新闻编辑部中，新闻从业人员一起工作，为多种媒体的平台生产多样化的新闻产品，并以互动性的内容服务大众，通常是以一周 7 日、一日 24 小时的周期运行。"③ 2016 年两会期间，各家纸媒的融合新闻报道亮点频现。《光明日报》开设《VR（虚拟现实）看两会》和《全景照片看两会》两个栏目，使用

---

①　周婷婷、陈琳：《大数据时代数据新闻发展的主要方向——以全球"数据新闻奖" 2013 年获奖作品为中心的分析》，《新闻与信息传播研究》，2013 年第 4 期。

②　蔡雯：《媒介融合发展与新闻资源开发》，《今传媒》，2006 年第 7 期。

③　Stephen Quinn, Vincent F. Filak. *Convergent Journalism：An Introduction.* Elsevier Inc，2005：5.

了虚拟现实技术和 360 度摄像技术拍摄会议现场，让用户全视角、身临其境般感受会内会外情况，《光明日报》还推出《炫容特刊》，在传统的 H5、图解新闻等形式的基础上，引入 flash、动态图解、沙画等新颖炫酷的新媒体技术手段，围绕两会热点、提案议案中关系国计民生的热门词条，整合专家解读及网友评论，推出信息丰富、画面绚丽的内容。人民日报打造的《总理给你送快递啦!》H5 新闻报道更是在微信朋友圈刷屏。首页是一张李克强总理双手递上快递件的卡通人物像，并伴有"叮咚"的门铃声效，点击下一页会呈现"留乡农民"、"城市居民"、"城市务工者"、"学生"、"企业经营者"和"退休人员"六类人物的卡通像，选择一位卡通人物像点开，画面上立即出现一个快递盒子，随机点开，页面会出现一份"两会惠民清单"，将两会中惠及这类群体的内容一条条呈现，见图 4-3。

图 4-3 《总理给你送快递啦!》新闻报道网页截图

报业可以通过融合新闻提高新闻信息的多媒体化程度，实现新闻信息的立体传播；可以依据自身的特点和受众的需求，通过对内容聚集平台上新闻信息的重新组合和深度加工，使报业各新闻产品的定位更加小众化，更加精准，生产出能够满足不同受众个性化需求的形态各异的新闻产品，避免内容的同质化；可以在内容聚集平台上实现资源共享，通过与其他媒介的联动，对现有市场份额起到保护作用，共同做大市场。

三、研究用户阅读习惯，打造定制新闻

随着用户需求的碎片化，定制新闻成为满足用户个性化需求的法宝。打造定制新闻需要做到两点：一是提供强大的内容聚合平台，用户可以根据自身需要，通过自行选择，定制一份属于自己的专属新闻产品；二是报业依托技术支撑，依据用户的阅读习惯，将用户喜爱的内容推送到用户面前。让用户自行选择新闻内容是一种自下而上的方式，需要数字报业为用户提供一个可供自行选择的强大新闻内容聚合平台。用户自行定制内容的典范当属 1976 年成立的苹果公司。该公司以创新而闻名，以做硬件起家，产品范围涵盖了 iPod、iBook、MacBook、iPhone、iPad、Apple TV 等。其中，苹果智能手机 iPhone 的问世带来了一次巨大的变革，吸引"果粉"无数。一方面，iPhone 拥有更快的处理器、更轻薄的机身、全触摸式屏幕这些过硬的硬件，另一方面，苹果公司也开始逐步涉足软件领域，其中 App Store 上丰富的应用程序可供用户根据自己的需要和喜好自行下载，让每一台 iPhone 手机都是独一无二的，都是为用户量身定做的。借鉴这种形式，报业也可以提供众多内容版块供用户选择。用户可以根据自身需要，选择自己感兴趣的娱乐、财经、国内新闻、地方新闻、名人专栏等几个版块。

2014 年 1 月，河南日报报业集团主办的大河网发布大河掌中报订阅客户端，用户注册之后，可以通过网页和手机两种方式实现个性订阅。用户可以订阅河南日报报业集团旗下所有报纸，随意组合任何报纸的任何内容版块，让每一用户的手机报内容都是独一无二的。虽然，大河掌中报订阅的内容只限制在河南日报报业集团旗下的报纸，选择范围

有限，但是在定制手机报方面也是一次有益的尝试。这种自下而上的新闻内容定制方式对数字报业的内容聚集平台要求很高，需要建立"报业联盟"，平台上可以呈现跨报业传媒集团、跨地区提供的新闻内容，为用户提供充足的选择空间。比起下载单个数字报纸的客户端，用户更倾向于下载"一站式"的应用客户端，同时汇聚多种新闻信息来源，包括报纸、微博、图片、视频等，再进行内容定制，类似国内的应用客户端 Zaker、网易阅读等。在去中心化的互联网思想指导下，定制新闻内容的选择权应该交付给用户。然而，在这个信息爆炸的时代，用户往往无法从海量信息当中去快速、直接地找到高质量、有针对性的新闻信息，这就需要数字报业各新闻产品收集用户的个人资料和行为数据来了解用户的阅读习惯，以智能推荐的方式帮助用户快速找到新闻信息，再根据用户需要进行内容定制。个人资料包括用户的职业、年龄、性别、收入、电子邮箱、居住城市等，行为数据包括用户打开新闻页面的频率、打开某一新闻版块的频率、停留时长、评论和留言的频率和内容、转发或分享的频率和内容等。个人资料和行为数据不仅可以来自数字报业各新闻产品自身，还可以通过绑定的邮箱和其他个人信息，来自社交网站、门户网站等。通过收集用户的个人资料和行为数据不光可以预测该用户的新闻偏好，将用户喜爱的新闻内容推送至用户，还可以做群体分析，预测与该用户有相似个人资料的其他用户的新闻阅读偏好，通过智能推送定制新闻以激活潜在用户。在美国，最近推出了一种新型个人化报纸——《华尔街日报》个人版，依托网络技术和数据库技术，根据用户的新闻偏好进行内容定制，用户每月需要支付 15 美元，即可享受全天 24 小时的新闻剪报。读者每天早晨一打开电脑，使用个人电脑或是账号登录网站，即可读到一份专门为用户量身设计的报纸，新闻标题、题材、风格等内容基本上都是用户需要并感兴趣的。收集的时间越久，推荐给用户的阅读内容就会越精准。

定制新闻的本质实际上是一种定制营销。所谓"定制营销"，是指企业在大规模生产的基础上，进行市场极限细分，将每一位顾客都视为一个单独的细分市场，根据个人的特定需求来进行市场营销组合，以满足每位顾客的特定需求。这种营销方式被世界著名营销学家科特勒誉为21世纪市场营销最新领域之一。

四、重视 UGC，打造公民新闻

公民新闻的全称是"公民共享新闻"，指来自公民的非专业新闻报道。他们可以是事发现场的目击证人，通过现代技术，把自己看到的、听到的、感觉到的直接传送给大众媒体；或者自己创办小众媒介（网站、报纸、广播电台等），推动一系列新闻的生产和传播。① 随着公民意识的崛起，受众不再愿意被动地接受新闻信息，而是更加倾向于能够创作、选择自己喜爱并关注的新闻信息，以满足个性化的需求。在数字化时代，智能手机、平板电脑等终端设备的普及和更新换代，论坛、博客、微博、微信等自媒体逐步兴起，为公民新闻的发布提供了平台。主流媒体不再是唯一新闻信息获取来源，受众逐渐流向自媒体。报业集团要充分利用互联网的特征，激发巨大的潜在用户规模，重视 UGC（User Generated Content，用户生成内容），打造公民新闻，收复领地。UGC 最早起源于互联网领域，是指用户将自己的原创内容通过互联网平台展现出来，是互联网思维中去中心化的最好诠释，是解决新闻内容同质化、满足受众个性化需求的有效途径。

南方报业传媒集团于 2013 年底推出南都网空间，积极探索用户参与新闻生产，开设我来补充、推荐到首页、申请 PK 话题和点击发表四个部分，用户可以将自己拍摄的图片、录制的视频和文字报道补充到已有新闻报道中，可以参与到帖子推荐，只要内容优秀就可以被推荐到首页，可以申请 PK 话题，成为当日话题主持人，让其他用户参与到话题

① 韩鸿：《新媒体背景下的公民共享新闻学》，《新闻与传播研究》，2006 年第 3 期。

讨论中来，可以直接发表文章，并且有机会被推送到首页。用户成为最重要、最有价值的资源，整个空间的发展都围绕用户的参与，用户的主体地位进一步凸显。

第四节　商业模式的零星探索

我国报社或报业集团投入了巨资打造各类融合媒体产品，希望通过不计成本的投入获得可观的点击量，再通过可观的点击量获得广告收入回报。《连线》杂志的创始主编、互联网教父凯文·凯利（Kevin Kelly）曾说："目光聚集之处，金钱必将相随。"然而几年来的实践经验证明，沿用传统媒体的"二次销售"模式已经失效，大量的"两微一端"上附着的用户数量不尽如人意，没有用户的"注意力"作为基础，商业模式就无法有效建立。为了突破困境，有些先进报社或报业集团已经在融合转型过程中逐步探索盈利点，在商业模式上开始进行零星探索。

一、通过专业性内容获得付费阅读收入

越来越成熟的社会和成熟的市场，需要越来越成熟和系统的知识与之对应。在一个充斥着焦虑和失控感的时代，人们迫切需要一个把控"乱花渐欲迷人眼"的变动不居的生活和世界的"知识抓手"。[1] 根据2016 年 7 月中国青年报社会调查中心联合问卷网的调查数据，在受访的 2001 人中有 63.3% 的受访者支持为知识付费。[2] 当下的传播语境正在从"信息传播"向"知识传播"转移。我国报业早在 2007 年就开始

---

[1]　喻国明：《知识付费何以成势?》，《新闻记者》，2017 年第 7 期。
[2]　杜园春、王永琳：《73.9%受访者愿为网络问答付费》，《中国青年报》，2016 年 7 月 26 日第 7 版。

尝试付费阅读业务，但是从《温州日报》《人民日报》《安徽日报》《重庆日报》等付费墙业务的无疾而终可以看出，大而全的内容是不足以吸引用户付费的，而对经过加工处理之后的"知识"收费是一条可持续探索的商业模式。

上海报业集团旗下的摩尔金融是一个互联网创新金融资讯及服务平台，专为投资者用户服务，定位极其精准，汇聚了顶尖的专业人士撰稿人，撰稿人文章分为免费和付费两种，付费文章的价格一般会固定在几元到几十元之间，上百元的定价还是少数。目前摩尔金融有 5 万注册用户，其中付费用户达到 9000 多人。这些用户会持续购买，并且单次购买额平均超过 80 元。[1] 2015 年 3 月 1 日刊登的题为《两会催生股票"风口"分析》文章，740 字的内容，定价为 188 元，超过 500 人购买，收入超过 10 万元，另一篇定价为 288 元的报告在 24 小时内销售额超过了 20 万元。单篇文章能够获取如此高额回报，说明普通投资者是急需意见领袖或是专业人士指导的，并且愿意为专业化的优质内容付费。为保障付费阅读的可持续运营，摩尔金融也出台了一系列配套政策，比如为了鼓励作者多写稿，摩尔金融对注册两个月还没有更新文章的作者将考虑取消其资格，对频繁付费阅读的核心用户将给予优惠券奖励，鼓励用户为文章内容买单等。

二、新闻媒体平台接受其他平台的反哺

在发行量和点击量尚不理想的情况下，报社或报业集团旗下媒体平台的盈利水平十分有限，主要承担发布新闻信息，引导社会舆论的功能。为了生存，以浙报传媒为代表的报业传媒集团开始采取以其他平台反哺新闻媒体平台的商业模式来搞活整个报业集团的运营。

---

[1]　中国新闻出版网：《界面摩尔金融：单篇收入 20 万元是怎么做到的》，http：//news. xinhuanet. com/newmedia/2015-05/05/c_134211533. htm。

　　如图 4-4 所示，2016 年浙报传媒主营业务中的收入前三名为商品销售收入、广告及网络推广收入和在线游戏运营收入，收入占比分别为 25.24%、20.54% 和 18.72%。近年来，浙报传媒积极寻找用户聚集平台，用游戏平台、服务平台、影视平台等的营业收入反哺新闻媒体平台。2013 年，浙报传媒投资 32 个亿重金收购盛大旗下的杭州边锋和上海浩方，这两个游戏平台的注册用户规模达 3 亿左右，活跃用户在 2 千万左右。浙报传媒利用两大游戏平台的现有游戏和新推出游戏积极向手游和优质 IP 领域扩张，边锋和浩方已经成为国内领先的休闲娱乐互动游戏及平台的开发商、发行商和运营商，成为浙报传媒的利润主要增长点。2014 年，浙报传媒宣布投资唐人影视，在内容采购、推广分销、IP 共享以及新媒体内容开放等方面实现协调效应。2016 年，在"新闻+服务"的商业模式理念下，浙报传媒设立浙江政务服务网事业中心，协助省政府办公厅承担政务服务网产品规划设计、运营推广和技术运维统筹等相关工作，为浙江 7000 万用户提供一站式全生命周期服务。大数量级的用户聚集量使得浙报传媒获得了可观的网络营销广告收入。

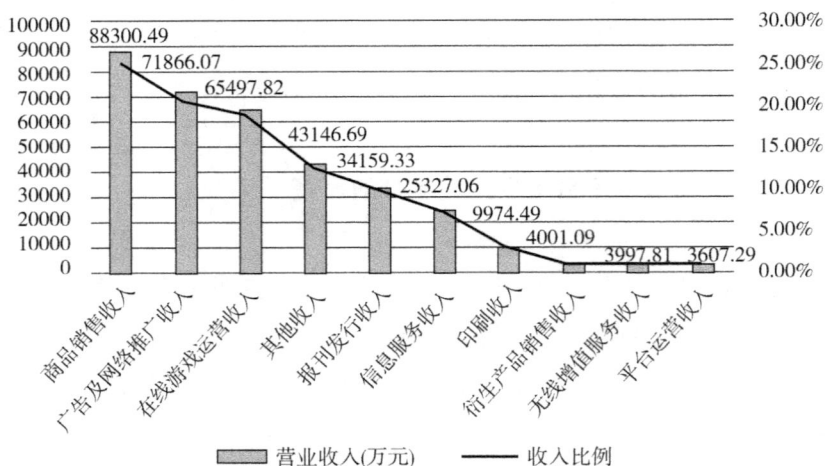

图 4-4　2016 年浙报传媒主营业务构成分析图

尽管媒体平台受到宏观环境走弱的不利影响，但是浙报传媒依然可以通过其他平台的营收反哺媒体平台，使整个报业传媒集团的净利润呈现出逐年递增的趋势。媒体平台不需要承担太大的经济负担，但是却可以为其他平台的发展提供公信力、影响力和传播力。

三、通过电商平台获得营收

我国报业搭建的电商平台已经经历了从浅到深、从边缘业务到核心业务的转变过程。我国报业对电商平台的集中探索始于 2014 年。2014年 4 月，《新京报》《京华时报》等 52 家报纸先后与阿里巴巴合作，推出"码上淘"业务。用户可以通过扫描印在报纸上的二维码，直接跳转至淘宝网页进行购物。在这种电商模式中，报纸仅仅充当中介导入作用，而没有参与到电商行业的核心业务，收益也十分有限。随着实践探索的深入，部分报业集团尝试自建电商平台，比如《钱江晚报》开设"钱报有礼"电商网站和微信商城，《华西都市报》推出"八小时购物网"电商网站，《温州都市报》运行"温都猫"电商平台，《南方都市报》上线"南都乐购"电商平台等，报业开始涉足供应链、物流、支付等核心电商环节，并且取得了不俗成绩，比如"温都猫"上线仅半年时间就实现了 1200 万的营业额。然而，这类综合类电商平台的定位并不明晰，特色并不鲜明。相较于专门的网购平台，报业自建的电商平台也没有价格优势和服务优势，用户粘性较差。

近年来，我国报业开始尝试从综合类电商平台转移至垂直类电商平台，在某一个行业或细分市场深耕细作，比如界面的"尤物"电商平台，提供原创设计师的作品和时尚买手在全球精心挑选的产品，只为中产阶级男士服务，定制解决商务男士的消费需求，定位为高端电商平台。此外，尤物网还提供人性化的提醒服务。用户只需完成注册之后，尤物网会定期提醒用户节日信息，用户只需给出预算和需求，后台就会提供符合用户要求的产品选择。垂直类电商平台的布局能够更好地满足某一群体用户的需求，更容易取得用户的信任，从而获得较高的营业收入。同时，电商平台的精准定位有助于形成独特的品牌价值，改变传统报业品牌老化形象，完成品牌活化。

第五章　我国报业转型中的主要问题

在新技术快速发展和传统媒体经营下滑的双重压力之下，我国报业转型持续深入，传统媒体与新兴媒体的融合发展趋势已经形成，"深入转型、深度融合、深层变革"已成为报业融合发展转型的共识。虽然媒体深度融合的格局已经初步形成，但是在我国报业转型中还存在着诸多问题，而且环环相扣，相互影响。

第一节　新闻产品的数字化生产机制尚未完全形成

在媒体融合时代，报业的生产机制与传统报业是不同的。我国报业的转型依然是遵循着"存量逻辑"的生产机制。"存量逻辑"是指报业只是在"存量"的基础上作适当的调整，通过对新增媒介的培养和发展，扩大报业规模，在稳定中求发展。现阶段，报社或报业集团呈现出"一报一网两微一端"的"终端模式"传播体系布局，但是新闻产品的数字化生产机制尚未完全形成。

一、生产机制的开放性不足

我国报业采取的是条块分割、画地为牢的传媒管理模式。在横向上，报业集团接受多部门的管理，比如国家新闻出版广电总局、国务院、中央办公厅、宣传部等；在纵向上，报业集团接受当地党委和政府的领导和管理，在不同层级的行政区域，报业集团具有不同的级别。臃肿重叠、纵横交错的机构管理模式常常会因为不同利益部门而有着不同的出发点，导致政出多门。地方保护主义和部门保护主义为报业跨地区、跨媒介发展设置了屏障，这些已经不能适应当下我国报业转型的需要。在这种背景下，我国大部分报纸网站都设置了登录障碍，普通用户只能看到部分内容，有许多独家新闻信息和有价值的咨询只能登录局域网才能看到。报业集团的传统报纸与新兴媒体之间也存在隔阂，传统报纸的独家新闻往往不愿意与数字新闻产品分享，更谈不上像美国《纽约时报》和英国《卫报》那样开放 API，将资料数据供用户和运营商等各方使用。虽然我国已有多家报社或报业集团搭建"中央厨房"，但是这种内容平台也只是打通了内部内容资源的共享，"中央厨房"与"中央厨房"之间依然没有通路。缺乏共享意识只会导致我国报业固步自封，无法做大做强，造成"信息孤岛"。各家报业集团如果像现在这样，害怕分享，设置登录障碍，那就只能形成小数据时代。只有各家报业集团具有开放性的意识，实现数据的"可流动性"和"可获取性"，才能获取全体数据，而不是抽样数据，才能顺应大数据时代的要求。

二、生产机制的创新性不足

数字报业的从业人员很多都是从传统报业转过去的，长期在"事业单位，企业化管理"的体制下，从业人员养成了难以改变的"事业惰性"。首先，数字报纸的从业人员，对新的管理模式、新的营销模式、新的技术运用一向都持着谨慎态度，甚至认为是这些削弱了传统报纸的价值，是使纸质报纸呈现疲软态势的主要原因。因此，他们对创新缺乏热情，依然信奉传统报纸的营销模式，数字报纸的营销模式只能算是原有模式的一种延伸。新闻集团 *The Daily* 的失败就宣告了"新瓶装旧酒"的道路是行不通的。每天晚上排版，第二天早上面世，日更新三次，照搬传统报业的运作模式与互联网信息发布的即时性是格格不入的，远离搜索引擎和社交网站，没有导出链接机制，只靠自身生产的原创内容，将 *The Daily* 置于封闭的境地。这与互联网的互动性和开放性的特质是背道而驰的，我国数字报业应该汲取教训，避免重蹈覆辙。其次，业务运行的唯上化。上级主办、主管单位掌握着数字报纸以及报业集团的生死大权，掌握着主要领导的任免、评价和提升权。在这种体制下，按上级部门或领导的指令和喜好来实施具体运作是常有之事，轻视或无视新闻传播的责任和规律，不敢越雷池半步，严重束缚了从业人员的创新精神。创新性不足，导致数字报业的从业人员对市场的变化缺乏快速应对能力，跟不上时代发展的步伐。

三、生产机制的去中心化不足

在网络时代，数字报业使单向传播转变为互动传播，用户不再是被动地接受新闻信息，而是会主动地搜索和发布新闻信息，人人都是记者。专业报社记者不再是唯一的新闻信息来源。然而，在我国报纸的数字化建设过程中，依然是以专业记者的稿件为主，用户只能在阅读完文章之后进行评论或转发。用户缺乏表达的渠道，没有参与到内容建设中来，报纸与用户之间的关系呈现松散状态。数字报业的营销方式必须去中心化，以用户为核心，从仅仅满足用户需求提升到优化用户体验。用户体验是指企业或组织提供的产品或服务超出用户的预期。数字报业只有实现用户体验优化，才能让用户产生情感上的认同，才能抓牢用户。此外，数字报业需要根据用户的反馈和需求不断改进自身的产品和服务，实现产品和服务的精细和迭代，比竞争对手提供更好的产品和服务。只有去中心化，用户才能充分参与，才能增强用户粘性，才能实现数字报业的规模扩大。

第二节 新闻产品不足以吸引用户的注意力

随着媒体融合的深入，报社和报业集团的数字新闻产品越来越多，但是除少数报社和报业集团之外，大部分报社和报业集团的新闻网站、"两微一端"等新闻产品都存在数量多、用户少的问题。

一、"现象级"新闻作品的缺乏

优质内容依旧是新闻产品最核心的竞争力，然而报社或报业集团的"现象级"新闻作品却少之又少。尽管现在技术条件已经具备，但是融合新闻作品却并不是主流，大部分的新闻作品仍然是"文字+图片"的组合，鲜少有像《纽约时报》"雪崩"这样的新闻作品，能够在国际上享有较高的知名度。然而，在图像霸权时代，用户已经摒弃掉了深度的文字阅读，转而投奔能够带来感官刺激的短、平、快式的融合新闻。新闻产品的表现手段单一成为制约报业转型发展的瓶颈。有很多报社或报业集团的数字新闻产品只是作为纸质报纸的一种延伸，遵循的依然是一种"存量逻辑"。"存量逻辑"是指报业只是在"存量"的基础上作适当的调整，通过对新增媒介的培养和发展，扩大报业规模，在稳定中求发展。然而，中国报业的转型演变轨迹不是渐进性的改良，也不是适度优化或一般的创新，而是激进式的变革。因此，我国报业应积极抓好理念创新、形式创新和手段创新，打造一批有影响力的融合媒体产品，聚集用户注意力。此外，专业性和个性化的优质内容缺乏。同一报社或报业集团的数字产品新闻内容与纸质报纸新闻内容的同质化程度高，报社或报业集团的数字产品新闻内容与门户网站或资讯平台的新闻内容同质化程度也高。另外，新闻网站和"两微一端"的设计也存在趋同问题，网站页面、微信栏目标签、平台功能都大同小异，报社或报业集团缺乏具有专业性和个性化的不可替代的优质内容。我国在优质内容生产上可以借鉴国外先进媒体的经验，比如美国的《纽约时报》自 1996 年设立新闻网站以来，已经对其进行了六次的改革，页面设计更加注重细节。现在，读者不仅可以通过点击位于新闻报道左右两侧的翻页按钮阅读上一篇或下一篇新闻报道，还可以通过直接点击置于页面最上方的导读栏阅读任意一篇新闻报道，偏平化趋势更加突出。《纽约时报》的新闻网站取消了原有的分页设计，任何一篇报道，无论长短都可以在单一页面呈现，读者通过滚动条完成阅读，使网站设计更富新意。英国的《金融时报》在其新闻网站上的"评论"栏目下开通权威博客，积极吸纳财经界的权威专业人士参与内容建设。用户对这些权威撰稿人的专业内容生产（PGC）极为认同，并且愿意为专业性的优质内容付费。《金融时报》于 2002 年推出订阅付费服务，2003 年下半年，网站就开始实现盈利。

二、媒体平台与用户之间缺乏通路

有些报社或报业集团投入巨资打造优质的新闻作品，推出 H5 新闻、可视化新闻、360 度全景新闻、视频直播新闻等，但是用户似乎并不买账，浏览量依然不尽如人意。根据易观智库《中国移动新闻资讯 APP 市场专题研究报告》的数据，截至 2015 年 4 月，全国平均每台设备新闻资讯 APP 的安装数量和使用数量分别为 1.46 个和 1.08 个，媒体新闻客户端人均单日启动次数为 3.34 次。平台与用户之间缺乏链接是造成数字新闻产品数量多，但安装和使用数量很少的一个重要原因。

首先是报社或报业集团无法将媒体平台与已有大数量级的用户聚集平台进行有效链接。必须承认，报业的黄金时代已经过去，报社或报业集团旗下的媒体平台能够吸引到的用户规模极为有限，哪怕有好的新闻作品也很难在社会上产生影响力。受到"庙堂式"思维的残余影响，很多报社或报业集团缺乏开放意识，使媒体平台变为"信息孤岛"，没有为媒体平台和拥有大数量级的用户聚集平台之间建立通路，用户接触不到媒体平台上的优质内容，不能形成裂变式传播。其次是报社或报业集团无法培养自身的大数量级用户聚集平台，再将用户导流至媒体平台。报社或报业集团自身培养大数量级的用户聚集平台可以更加契合自身发展转型的需要，但是也面临着投资大、周期长的问题，更重要的是，由于没有改变传统报业工业化的运营思维，报社或报业集团花费巨资打造的平台，或因为缺乏优质内容，或因为缺乏创新形式，始终也未能达到可观的用户规模。2013年浙报传媒投资32亿元收购杭州边锋和上海浩方就是一次有益尝试。游戏平台上聚集了大量的年轻用户，而且网络游戏具备较高的付费率。杭州边锋和上海浩方两个游戏平台上拥有活跃用户约2000万，浙报传媒收购边锋和浩方之后，以在线游戏为核心产品，打造交互社区，再通过对游戏用户的行为特征、消费需求特征和资讯交互特征等个性化信息进行大数据分析，为用户匹配、推荐并搭建交互关系网络，增强互动娱乐体验。同时，利用游戏平台上的用户规模向媒体平台进行导流，建立综合性媒体平台，实现传统报业的转型。

三、用户体验设计不佳

用户体验是用户在使用产品过程中建立起来的一种纯主观感受。报社或报业集团需要在用户战略的指导下，以用户的优质体验为目的来设计数字新闻产品。如果用户体验设计摒弃以人为本的理念，那么用户也将弃之而去。我国报社或报业集团的数字新闻产品在用户体验设计上存在以下四个方面的问题。首先，在广告设计版面上缺乏统筹规划。比如我国报业习惯性将广告放在新闻网站首页，并以旗帜广告的形态，或闪烁，或滚动呈现，有些广告还将页面上的新闻报道遮盖，用户必须手动关闭广告窗口才可以阅读新闻内容。其次，在内容呈现的流畅度上不佳。比如我国报业常常将较长的新闻内容分页设置，当用户点击下一页时，会出现缓冲时间过长而导致用户放弃继续阅读的情况，当用户在点击图片、视频和 VR 新闻时，同样的情况也会出现。再次，在交互设计上不够人性化。比如我国报业通常在新闻报道首页或末页设置转发、评论和分享按钮，用户不能在阅读过程中随时分享进行二次传播。在手机等移动端上，新闻内容的互动设计层级较多，违背"轻量化"的设计原则，导致用户回不去首页。在触摸按钮的设计上太紧凑，也容易导致用户误按其他按钮。最后，新闻内容的表现形式单一。在碎片化的阅读时代，大量的年轻网民都不喜欢长篇文字新闻报道，报业常用的"文字+图片"形式已经不能满足用户需求。

设计的每个创新点，或技术，或内容，或服务，或其他，都应该围绕用户需求、服务于用户体验展开，才能够引发用户共鸣。哪家媒体提供的用户体验能够十分周到地满足用户各方面的需求，哪家媒体就可能获得成功，而成功给予用户满意的体验就是商机。① 否则，蹩脚的用户设计只会让用户进一步流失，报业的生存空间进一步被压缩。

第三节　新闻产品的呈现缺乏系统性

面对庞杂的新闻产品阵营，纸质报纸、新闻网站、微博、微信、APP 客户端之间应如何统筹协调，如何根据各自的媒介特点和受众特点进行有效的多层次传播依然是我国报业转型中面临的主要问题。

一、各新闻产品之间呈现松散态势

虽然各大报社或报业集团都在积极打造全媒体平台，但仍停留在探索阶段，多平台之间尚未形成联动效应。以 2008 年成立的烟台日报传

① 陈力丹、王之月、王娟：《"用户体验"的新型媒体生存模式》，《新闻爱好者》，2015 年第 5 期。

媒集团的全媒体新闻中心为例，集团所有记者都归属到全媒体新闻中心，而不再属于某一个媒体，为整个集团提供包括文字、图片、音频、视频在内的新闻素材。报纸、网站、手机、户外 LED 屏、微博等各媒体都从全媒体中心获取新闻素材。按照传播速度的快慢，新闻内容一般先通过数字媒体传播，再通过传统媒体传播，分层开发，逐级播报，满足受众的不同需求。这种模式使得各媒体之间关系呈现松散态势。各媒体只与全媒体新闻中心保持协作关系，而各媒体之间没有直接的联系，报纸与报纸之间、报纸与网站之间相对独立。在全媒体布局中，烟台日报传媒集团的主营业务尚不明确，各媒体平均获得内容资源上的支持，有时报纸为了获得独家新闻，甚至会与全媒体新闻中心的记者私下沟通交易，而集团的水母网也由全媒体新闻中心供稿，与其他传统媒体也相对疏远，水母网的影响力仍有限，不足以称之为主营业务。也就是说无论是传统媒体之间，还是传统媒体与网络媒体之间都处于一种分离态势。这种态势是不利于深度融合的。此外，2010 年人民日报社提出"传统媒体与新兴媒体并举，建设全媒体传播格局"的构想，采取的是"网站主导"模式的全媒体布局，人民日报与人民网，一个为传统媒体，另一个为网络媒体，两个舆论场平台之间也没有形成良好的互动体系。报网采编协作关系存在分离机制，不利于未来的进一步深度融合。2017 年人民日报在搭建"中央厨房"时，在整体架构中强调总编调度中心的重要性，由总编调度中心统筹策划，报、网、微、端统一听从安排，有效改进了旗下新闻产品之间缺乏联动效应的问题。

二、各新闻产品的内容缺乏整体规划

　　面对纸质报纸、新闻网站、手机报、微博、微信、APP 客户端等多样化的传播渠道，报社或报业集团不能简单地将信息内容通过所有的媒介予以传播，而是要针对更加小众化、更加精准的媒介定位，制作适合不同对象的多样化新闻产品，并且在新闻传播中与公众分享与互动，要以新闻信息整体传播效果的最优化为目标。从整体上看，这些新闻产品是有差异的，包括内容的差异、角度的差异、表现形态的差异等。也正是这些差异，使媒介定位的差异得以实现。

另外，报业集团由报系组成，报业集团旗下的各报各自建设数字报业新闻产品，投入大量人力、物力、财力，重复建设严重，影响力有限。很多报业集团都有多个网站和终端平台，甚至是一报一网一微博一微信一手机报一APP客户端，很容易导致产品内容的同质化，内容缺乏整体规划，无法形成联动效应，难以形成合力，进而导致整个报业集团竞争力的丧失，竞争基础脆弱。以南方报业传媒集团为例，旗下的12份报纸都拥有自己的多媒体数字报纸，并建立了南方网、南方报业网、奥一网、凯迪网、腾讯·大粤网以及今日广东六个网站。同时，用户还可以通过下载APP客户端下载阅读器，通过手机或iPad来阅读《南方日报》《南方周末》《21世纪》等多份报纸。笔者在南方报业传媒集团调研时了解到集团已经认识到产品的呈现与营销平台的分散所导致的种种问题，计划在近年内将所有网站进行资源整合，全部归到南网旗下。2013年底，集团已经迈出了第一步，首先将南方网归到南网。可以预测，随着报业数字化转型过程的逐步推进，报业传媒集团各网站之间的整合合并将是一种趋势。

我国报业在转型过程中，各平台尚不能根据自己的媒介特点和受众特点进行多层次、多角度的立体呈现。然而，多层次报道需要各平台之间的合作，我国报社或报业集团旗下的各平台常常不愿分享独家新闻，传统媒体与新兴媒体之间常常各自为政，更谈不上联动效应。因此，我国报社或报业集团在建立起了众多的新闻产品之后，如何将各自分散的平台予以整合，根据各种媒介平台的特点，将新闻信息实现分层传播，充分有效利用新闻资源，实现传播效果的最优化是其在转型过程中亟待解决的重要问题。

第四节 盈利模式尚不明晰

盈利模式也称为商业模式，分为自发盈利模式和自觉盈利模式两种。自发盈利模式是指企业虽然实现盈利，但是对如何盈利和未来能否盈利尚不清楚，盈利模式并不清晰。自觉盈利模式是指企业在不断实践的基础上，对盈利模式进行自觉调整和设计，能够根据环境的变化而适度调整盈利模式，使之具有针对性、清晰性和相对稳定性。我国报业在转型过程中，盈利模式不明晰一直是困扰其发展的主要问题。盈利模式是企业在市场竞争中逐步形成的企业特有的赖以盈利的商务结构及其对应的业务结构。盈利模式包含三个关键因素：第一，价值发现——决定利润的来源；第二，价值匹配——决定盈利水平高低；第三，价值管理——决定盈利能力的稳定性。[①] 报业转型的程度虽然在不断深入，数字报业新闻产品阵营不断扩大，但是却面临旧的盈利模式已经坍塌，而新的盈利模式又尚未明确的困境。目前，我国报业的盈利模式主要是沿袭传统报业的"二次销售"模式，这种传统的盈利模式背离了报业发展的新环境。

一、报纸广告经营额持续下跌

广告是报纸的主要收入来源，但是近五年来却呈现出持续下跌趋势。根据《2017 年中国传媒产业发展报告》的数据，如图 5-1 所示，2012 年至 2016 年，中国报业广告经营额的降幅分别是 7.3%、8.1%、18.3%、35.4% 和 38.7%。2016 年的报纸广告市场规模不足六年前的三

---

① 冉华：《报业数字化生存与转型研究——基于产业发展的视角》，武汉大学出版社 2010 年版，第 122 页。

成，与 2011 年比较，2016 年的降幅已达到 72%。①

图 5-1　我国报纸广告经营额及跌幅情况

尽管作为主要收入来源的广告经营额连年下降，但是报社或报业集团还得依靠它进行生存。

从单个媒体而言，人民网的营业收入主要由广告及宣传服务、移动增值服务、信息服务三部分构成，比重高达 80% 至 90%。从图 5-2 可以看出，从 2012 年至 2016 年，广告及宣传服务的收入稳居榜首，即使整体呈现出下降趋势，但是 2016 年的广告及宣传服务收入依然占到 44.82%，比第二大收入来源移动增值服务高出 12.68%，而纸质报纸的广告经营额所占整体收入的比例则更高。

与报业不同，我国以 BAT（百度、阿里、腾讯）为代表的互联网企业已经开拓了网络广告、在线游戏和无线增值等多种盈利渠道，而且广告收入占比较小。以腾讯为例，如图 5-3 所示，2016 年其增值服务业务占据绝对主导地位，收入占比高达 66.55%，其中网络游戏收入又占

① 崔保国：《2017 年中国传媒产业发展报告》，社会科学文献出版社 2017 年版，第 148 页。

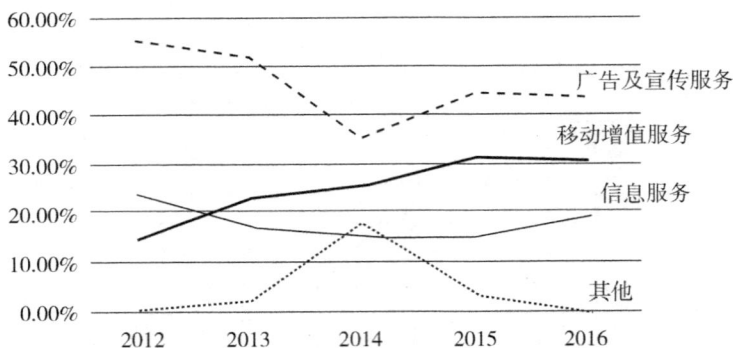

图 5-2　人民网营业收入比重变化图

到增值服务收入的 **63.27%**，而网络广告只占到其营业收入的 **18.89%**。

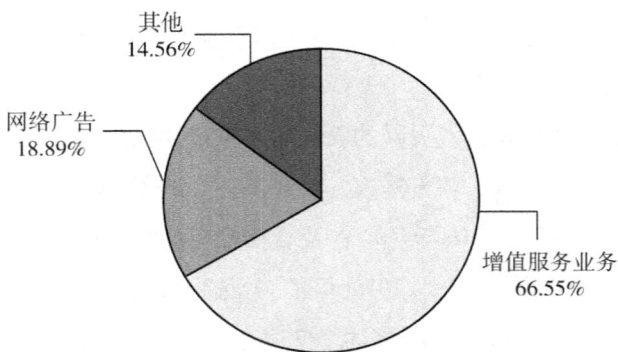

图 5-3　2016 年腾讯营业收入构成图

　　在我国报业的营业收入构成中，广告经营额占比过高，这不仅导致利润的来源过于单一，而且广告额的投入会受到诸多因素的影响，诸如金融危机、国家政策等，变数较大，使报社或报业集团面临着巨大风险。

二、盈利水平低

我国报业已经意识到在营收构成中广告经营额过高所带来的巨大风险，在转型过程中不断探索更加多元化的收入来源，比如在线订阅收入、信息服务收入等，但是这些收入来源呈现出盈利水平低的态势。

我国数字报业新闻产品从一开始就是以免费阅读的形式出现在受众面前的，受众这种免费阅读的惯性是不容易在短时间内改变的。在网络环境中，受众可以以极低的成本甚至是零成本来从多种不同渠道获取丰富的信息，因此受众付费阅读的意愿极低。根据艾媒资讯（iMedia Research）数据显示，2012 年中国手机阅读用户在阅读付费意愿方面呈现一边倒的趋势，86.2%的用户表示不愿意为手机阅读付费，而愿意付费的用户中有 77.5%认为可接受的手机阅读月平均付费为 2 元以下。而我国手机报的最低收费为每月 3 元，南方日报手机报对移动用户的收费更是达到每月 8 元，远远超出用户愿意付费的额度。另外，数字报纸有着传统报纸所不具备的互动性、即时性和信息海量存储性，能够满足用户个性化的需求，传统报纸的微分市场被数字媒体逐步侵蚀。微分市场也就是"长尾"市场，并不是利润的主要来源。传统报纸是多种不同类型信息的聚合体，用有限的版面刊登尽可能多的信息，期望用"巨内容"来最大限度地满足不同受众的不同需求。在信息匮乏的年代，传统报纸的"巨内容"战略是可行的。然而，随着数字技术和网络技术的兴起，卖方市场向买方市场转变，信息爆炸式增长，数字媒体充分发挥自身优势，用"微内容"来抢占"长尾"市场，满足用户专业化和个性化的需求。虽然微分市场不是报业的主要利润来源，但是受众的分流也直接导致了传统报纸的利润减少。在报业数字化的发展历程中，有些数字报业新闻产品凭借其特有的区域性、专业性和权威性，不断探索新闻信息的收费发行业务，希望通过收费发行业务增加报社收益，节省发行成本，比如《重庆日报》《温州日报》《健康报》《中国交通报》

《人民日报》等，但是这些报纸的收费发行业务的发展要么无疾而终，要么浅尝辄止。

另外，与网络运营商和设备生产商利润分成又进一步削弱了数字报业新闻产品的盈利能力。手机报虽有一定盈利，但是需要与移动、联通和电信这些通信网络运营商分成，最好的情况是五五分成，在大多数情况下是手机报得小头，通信网络运营商得大头。另外，以 Kindle 和 iPad 为主的移动便携设备不断更新换代，虽然提高了产品性能，但是昂贵的设备成本使呈现在移动便携设备上的 APP 新闻产品难以形成规模效应。Kindle 阅读器生产商与数字报业五五分成进一步削弱了原本就不高的盈利水平。

三、盈利能力的稳定性较差

盈利的稳定性是衡量盈利能力的重要指标。通过整理 2007 年到 2016 年十年间的报纸广告经营额及增长情况，从图 5-4 可以看出，2010 年我国报纸广告经营额的增长率最高，达到 18.49%，2016 年我国报纸广告经营额的增长率最低，呈现负增长，为 -43.73%，相差幅度高达 62.22%。这说明，作为报社和报业集团重要收入来源的广告，呈现出盈利能力稳定性差的问题。

除了报纸广告经营额，付费阅读也存在盈利能力缺乏稳定性的问题。以上海报业集团旗下的摩尔金融为例，2015 年 3 月 1 日刊登的题为《两会催生股票"风口"分析》文章，740 字的内容，定价为 188 元，超过 500 人购买，收入超过 10 万元，另一篇定价为 288 元的报告在 24 小时内销售额超过了 20 万元，但是这种单篇高收入的文章毕竟只占少数，一方面是由于我国报业提供的新闻内容还没有具备足够的新闻价值让普通消费者毫不犹豫地去持续付费，另一方面虽然我国报业不断培养用户的付费意识，但是大多数用户并不介意用时间来换取免费的新闻资讯。国外强势媒体，比如《泰晤士报》《每日电讯报》也面临着同

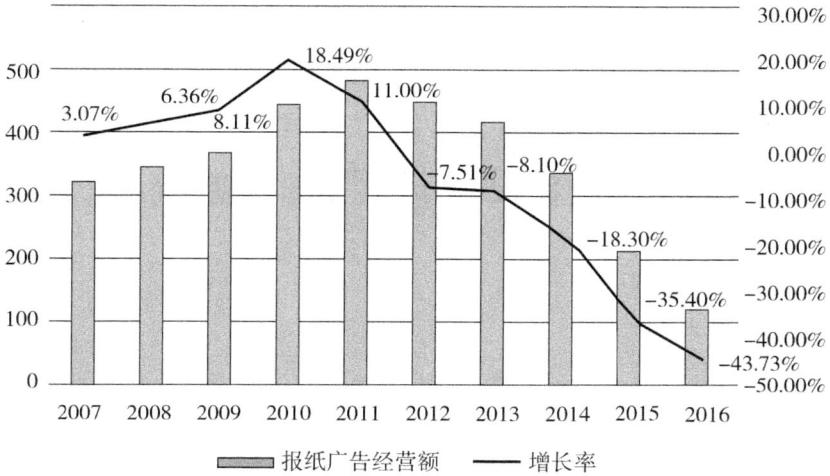

图 5-4　我国报纸广告经营额及增长情况

样的两难困境。这说明，想要获得稳定的付费阅读收入，报业还有很长的路要走，需要基于用户的阅读需求和使用场景，不断探索付费阅读的内容和模式。

第六章　我国报业转型的问题成因分析

第一节　技术层面

互联网技术、人工智能技术、云计算和大数据技术等已经在报业媒体融合进程中得到广泛应用，实现了大众传播、互动传播和立体传播，彻底改变了新闻信息的传播方式。技术是报业转型的原始动力和重要支撑，但是依然有诸如周期长、程度浅、依赖性过强等问题存在。

一、技术运用的滞后性

报社或报业集团对新技术的出现与运用不够敏感。很多记者、编辑等报业从业人员对新技术一向都持着谨慎态度，对新技术的运用缺乏热情。此外，破坏性产品性能更简单、价格更便宜，这些产品的利润率通常也较低，也不会带来更大的利润，再加上破坏性技术通常在新兴市场或不太重要的市场首先投入商业化运行，报社或报业集团对其重视程度不够。一般来说，破坏性技术首先会得到市场上不能给企业带来利润的消费者的认可。因此，大多数已经确立了听取最优质顾客的意见、判断哪些新产品能带来更大利润率的传统企业很少能够及时投资破坏性技术。① 正是基于此，新技术从出现到运用到报业的周期较长。正如斯坦福大学的未来学家保罗·萨福（Paul Saffo）所言："不管是对社会还是个人，我们都有一个通病，我称之为超级短视。对于某项新技术的希望、期待或者恐惧往往使我们高估了其短期的影响而现实经常无法满足这种膨胀的预期。因此，我们随之而来的失望让我们调转矛头，开始低估其长期意义。"② 互联网技术从诞生到运用在我国报业至少花费了30年时间，就算是运用周期不断缩减，Web2.0技术从诞生到运用在我国报业也至少花费了5年时间。从对技术运用的投入到产出，周期较长且费用很高，风险很大，很多报社或报业集团为了短期利益，不愿先行投入，而是希望其他行业、其他报社或报业集团先行投入和研究，成熟之后，坐享其成。新技术应用于报业的滞后性常常让报社或报业集团错失先行者优势。而反观一些商业门户网站，对技术的快速迭代能力明显强于传统报业。比如我国首先利用大数据技术生产制作数据新闻的是一批门户网站，2011年3月，搜狐开设"数字之道"栏目，用直观的图表、准确的数据、清晰的逻辑来阐述新闻及其中的故事，为用户提供轻量化的阅读体验。2012年1月，网易新闻创办"数读"栏目，通过分析数据背后的逻辑关系，并以简洁清新的图表设计为表现手段，对新闻背后的故事进行深度解读。同年，腾讯新闻中心推出新闻百科栏目，用信息图解读新闻，提供"轻阅读"体验。而直到2013年，我国报媒才陆续跟进。

二、技术应用停留在浅显层面

在报业转型过程中，互联网技术、人工智能技术、云计算和大数据

① ［美］克莱顿·克里斯坦森著、胡建桥译：《创新者的窘境》，中信出版社2010年版，第7页。
② 谢湖伟：《流动空间与地方空间的碰撞——从腾讯·大楚网看互联网再地方化意义》，《新闻前哨》，2011年第4期。

技术等的应用尚处于浅显层面。我国报社或报业集团对新技术的运用大都是作为追随者的角色出现，对新技术的运用也流于表面，没有根据行业特点进行深挖创新。

以云计算为例，自 2006 年 Google 提出此概念以来，云计算就被认为是继计算机、互联网之后的又一次重大变革。云计算是通过网络将庞大的计算处理程序自动分拆成无数个较小的子程序，再交由多部服务器所组成的庞大系统，经搜寻、计算分析之后，将处理结果回传给用户。用户通过无线终端可以获取"云端"上的数据及信息。基于云计算技术，云报纸在报纸产业应运而生。《京华时报》《人民日报》等接连发布云报纸。2013 年 5 月，全国云报纸技术应用平台启动，云报纸引起了我国报业的极大关注。我国的云报纸主要是基于前端和后端两个部分，前端就是传统报纸的形态，而后端则是架在"云"上的虚拟社区。用户使用无线终端，比如手机，扫描纸质报纸上的二维码，通过图像识别技术转移到互联网上。用户通过无线终端不仅可以突破纸质报纸的版面限制和时间限制，还可以观看丰富的广告，提高广告效果。通过云技术，纸质报纸的某些内容与互联网云资源有了有效的链接，是一次很好的尝试。但是，通过近年来的媒体实践可以看出，云报纸的发展后劲明显不足，而技术应用的浅显化是造成这一问题最主要的原因。云技术的应用必须同时具备纸质报纸或二维码标识，以及手机等无线终端才可以实现，特别是在当前，后端"云"上的数据信息多为广告信息和同质化信息时，用户从方便性和经济性的角度考虑，更愿意使用单一终端接入互联网资源。此外，云计算平台的管理技术在报业中的应用还有待进一步深化。在打造"云端"后台的实际操作过程中，报社或报业集团需要将以前存放在不同介质里的新闻信息全部"搬进"云端，这个工程量是极为浩大的，本身的推进工作是极为不易的。云端的数据信息资源极为庞杂，服务器众多且有可能分布在不同的地点，同时运行着数以百计的应用，要如何管理云端平台，保证整个云端能够高效运转，数据挖掘技术、分布式计算技术、网络存储技术、虚拟技术、负载均衡技术等的协作应用是必不可少的。而我国报业在实际的云计算技术运用中，由于高层次技术人员的缺乏，技术应用尚停留在浅显层面。比如图像识别技术，作为云报纸的核心技术，我国目前应用较为成熟的只有二维码识别技术，而文字识别和图片识别等技术应用却很少。

三、对外部技术的依赖性过强

我国报业的市场主体——报社或报业集团几乎不具备内部研发的技术创新能力和对外投资或建立研发机构的资本实力，设备、生产线完全依靠技术引进，即使是建有自己的研发部门，也是在报社或报业集团中处于附属地位。报业在生产运作中对所需硬件和软件的技术更新都有赖于其他外部行业的研发创新，比如《京华时报》的"京华云拍"、《人民日报》的"人民云拍"都是由亿拍科技公司发布的，这就意味着这些数字报业产品的技术标准、生产工艺、产品设计、经营管理等方面均受制于外部行业。同时，技术引进、专利购买还将耗费报社或报业集团大量的资金投入。技术创新能力的缺失决定了我国报纸产业在以信息技术为核心的产业架构调整中难以取得高新技术的制高点和市场的领先优势，也使得报业在新的产业竞争关系和产业链中所处的弱势地位进一步凸显出来。①

第二节　营销层面

1960 年，美国的营销学大师杰罗姆·麦卡锡（Jerome McCarthy）

---

① 王润钰：《产业融合趋势下的中国传媒产业发展研究》，中国书籍出版社2011 年版，第 96~97 页。

在《基础营销学》（*Basic Marketing*）一书中提出 4Ps 营销组合，即产品（Product）、价格（Price）、渠道（Place）和促销（Promotion）。1981 年，布姆斯和比特纳（Booms & Bitner）在此基础上提出了 7Ps 营销组合，增加了人员（People）、有形展示（Physical Evidence）和过程（Process）这三项元素。本节将以 7Ps 营销组合为框架来探讨我国报业在转型过程中存在问题的成因。

一、产品：数字报业新闻产品尚不能从问题产品转变为明星产品

随着我国报业的转型，报业提供的产品不再只是单单一张"纸"，而是延伸至新闻网站、手机报、多媒体数字报纸、APP 客户端等多个方面，产品阵营日渐丰富，每一产品又属于不同的类型。如图 6-1 所示，波士顿矩阵图中将产品分为明星产品、问题产品、现金牛产品和瘦狗产品四种类型。在我国报业转型进程中，对于大部分报社或报业集团而言，数字报业新闻产品现阶段属于问题产品，虽有增长率，但是市场占有率低，特别是我国报业数字化尚处于初级阶段，新产品的市场局面没有完全打开。对数字报业新闻产品应采取选择性投资策略，努力将问题产品培育成明星产品。而对于瘦狗产品，报业集团应采取放弃策略，对于那些对总收入贡献率最低且发展前景堪忧的产品应及时摒弃，不再做过多的投资，将资金集中投入到数字报业新闻产品中。

我国报业在转型过程中，数字报业新闻产品之所以迟迟不能从问题产品转变成为明星产品，面临最大的问题是新闻产品的生产依然以"内容为王"而没有转换为以"用户为王"。传统报业一直以来都是以"内容为王"，以权威性和独家性的新闻内容来吸引受众，扩大报纸的发行量，再以发行量为议价筹码，经过"二次销售"，获得广告收入。遵循这一价值链，传统报业在运营过程中一直是"重采编、轻经营"，将内容采编作为核心业务，以自上而下的方式推送到受众面前，受众别无选择，只能被动地接受新闻内容。这种运营模式在信息匮乏年代是行

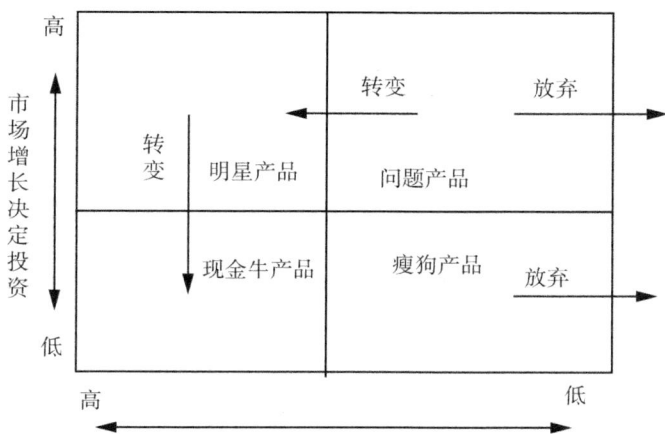

图 6-1 波士顿矩阵图

之有效的，而在网络时代，由于我国知识产权的保护还不完善，网络媒体可以以极低的成本大量转载传统报纸的内容，再经过二次编辑和组合，可以比单张报纸呈现的内容更加全面、更加丰富，再加上网络媒体本身所具有的即时性、互动性和内容呈现的立体性等特点，导致受众从传统报纸流向网络媒体。网络媒体可以直接接触到用户，通过技术手段追踪并记录用户的使用行为和个人资料，实施精准广告营销，而传统报纸与受众的接触则是间接的，因此，广告商更倾向于将广告投放在网络媒体上。传统报纸面临着发行收入和广告收入的双重下滑，生存空间日益缩小。由此可见，谁拥有较多的用户，谁就拥有较多的广告收入，而且无论是广告收入，还是用户付费阅读收入，抑或是增值服务收入，都必须以大规模的用户为基石。发展数字报业的核心任务就是使报业重新获得用户，所以如果数字报业仍走传统报业的老路，以"内容为王"，将传统报纸的内容经过简单的数字化转换，呈现在电脑、手机、移动便携终端、户外 LED 屏等数字终端上是行不通的。当前我国数字报业面临最主要的问题是所提供的产品和服务尚不能满足用户需求，用户不愿将有限的"注意力"转移到数字报业提供的产品和服务上，更谈不上为此付费买单。

菲利普·科特勒在《营销管理》一书中提到，产品存在五个层次，即核心利益、基本产品、期望产品、附加产品和潜在产品。① 这五个产品层次也代表了顾客的价值层级。第一层核心利益是用户真正购买的服务或利益。用户真正想购买的服务和利益就是获得自身所需的新闻信息。第二层是把核心利益转化为基本产品。在报业转型过程中基本产品很多，已经从过去单单一张"纸"延伸至新闻网站、手机报、APP 客户端等多个方面。第三层的期望产品是顾客在购买产品时期望得到的一组特性和条件，比如用户期望新闻内容产品的个性化、专业化和互动性、前瞻性、权威性和即时性。目前，产品多处于第二个产品层次向第三个产品层次的过渡阶段。在这一阶段，主要存在产品内容同质化、内容定位模糊和多媒体化程度不高等问题。

（1）内容产品的同质化严重

我国报业在转型过程中的内容同质化主要体现在三个方面，即报社或报业集团内部纸质报纸与数字报纸的内容同质化、报社或报业集团之间的新闻产品内容同质化以及报社或报业集团与商业门户网站、社交媒体和其他商业咨询平台等媒体之间的内容同质化。我国报社或报业集团一方面认为报业内容数字化转型是报业的发展趋势，另一方面又害怕新产品的内容异质化分流了传统报业的受众，影响报社或报业集团收入。在这种矛盾之下，新闻网站、手机报、APP 客户端等提供的内容虽然不再是纸质报纸的简单翻版，而是加上了评论、转发、视频、音频、图片等，但其本质仍然还是依附于纸质报纸的内容生产，延续着先做传统报业，再做数字报业的传统思维模式。

以武汉地区为例，仅都市类报纸就有《楚天都市报》《楚天金报》《武汉晨报》《武汉晚报》《长江商报》5 份，并且都建立起了自己的多

---

① 菲利普·科特勒、凯文·莱恩·凯勒著，王永贵等译：《营销管理》（第13 版），格致出版社 2009 年版，第 336 页。

媒体数字报。由于定位趋同，纸质报纸的内容趋同也导致了多媒体数字报的内容同质化，这几家报纸的报道趋同率达到 20%～25%，而本地新闻的趋同率则更高。在新闻网站方面，武汉地区就有 4 家，分别是湖北日报传媒集团主办的荆楚网、大楚网和长江日报报业集团主办的长江网、汉网。在内容版块设置方面基本相同，都包括新闻、娱乐、健康、金融、汽车、科教等，虽然版块名称不尽相同，如荆楚网的"最武汉"、长江网的"武汉"、汉网的"汉界"，但是内容却大同小异。2005年，由国务院新闻办公室和信息产业部联合发布的《互联网新闻信息服务管理规定》中提到非新闻单位设立的转载新闻信息、提供时政类电子公告服务、向公众发送时政类通信信息的互联网新闻信息服务单位，不得登载自行采编的新闻信息。2014 年，国家互联网信息办公室和国家新闻出版广电总局联合下发《关于在新闻网站核发新闻记者证的通知》，通知要求，在全国新闻网站正式推行新闻记者证制度，但首批实施范围是经国家互联网信息办公室批准的且取得互联网新闻信息服务许可一类资质并符合条件的新闻网站，申领人员应为新闻网站编制内或者正式聘用的专职从事新闻采编工作且具有一年以上新闻采编工作经历的人员。虽然对采编权的限制有所松动，但属于一类资质的新闻网站只占少数，这就意味着还是有大量的门户网站和社交网站没有采编权，只能转载新闻单位刊登的新闻内容。由于数字报业新闻产品的内容便于复制和粘贴，门户网站和社交网站可以低成本地大量直接转载，造成新闻内容的严重同质化。

新闻内容同质化不仅会导致恶性竞争，造成资源浪费，而且新闻的传播效果也会大打折扣，用户的注意力资源是有限的，新闻内容的同质化不易使用户形成忠诚度，导致报社或报业集团投入大量人力、物力和财力建立的"两微一端"平台用户规模十分有限，难以做大做强。

（2）内容产品定位模糊

纵观我国报业新闻产品的内容，无论是来自纸质报纸、新闻网站，还是手机报或是来自 APP 客户端，都有个共同的特点——大而全。大部分新闻产品的内容都包括新闻、娱乐、体育、财经、科教、视频、图片等版块，定位于大众人群，以大而全的传统媒体思路来吸引受众。然而，现在免费的综合新闻网站不计其数，我国仅报社或报业集团旗下的新闻网站就有上百个，在同一区域也会存在数个新闻网站，不仅竞争激烈，而且内容同质化严重。然而，免费的垂直类媒体因在某一特定领域的优势非常明显，在内容上更胜一筹，能够轻而易举地分流综合类新闻平台的受众。此外，社交化媒体的草根性、即时性和互动性吸引了大量用户，众多的一手新闻信息，包括重磅新闻都来自社交化媒体，大而全的新闻内容已经没有任何竞争优势，甚至在竞争中处于弱势地位。

2011 年 1 月，新闻集团与苹果公司合作开发的 iPad 付费阅读新闻产品 *The Daily*，原本是希望借助 iPad 的庞大用户规模，赢得数字报纸的市场先机。然而，到 2012 年 12 月，被新闻集团抱有极大期望的 iPad 报纸 *The Daily* 就以关闭而告终。在不到两年的时间里，新闻集团对它投入了近 6000 万美元，得到的回报却是区区 10 万付费订阅用户，整体亏损超过了 3000 万美元。*The Daily* 的失败，除了传播渠道单一之外，内容定位不清是其中最重要的原因。*The Daily* 在互动和多媒体运营上都做得不错，但是新闻内容不仅与《纽约邮报》重合，而且内容庞杂，包括政治、娱乐、体育、音频、视频等，版面虽然花哨，但却并没有进行市场细分，无法针对目标受众进行有效传播。*The Daily* 的失败说明内容庞杂、定位模糊的数字报业新闻产品是没有发展前途的。我国报业应该汲取 *The Daily* 在内容及定位上的教训，避免重蹈覆辙。

（3）多媒体化程度不高

从 2007 年起，在"全媒体"战略下，有许多报业传媒集团开始建设自己的全媒体平台，比如，宁波日报报业集团的"全媒体数字技术平台"、解放日报报业集团的"全媒体多通道数字出版系统"、烟台日报传媒集团的"报业全媒体数字采编系统"、人民日报社的综合业务信息化平台等，虽然各大报社或报业集团都在积极打造全媒体的生产平台，但还都停留在探索阶段，产品内容的多媒体化程度不深。

由于我国尚未形成大型的综合传媒集团，媒介之间的壁垒尚未完全打破，在媒介融合上显得后劲不足，不能充分做到统一策划和新闻资源共享。报业新闻产品在新闻信息的开发、利用和整合方面有所欠缺，没有充分利用网络新闻的优势，并将内容予以分类，针对各新闻产品的传播特点进行二次采编。另外，由于数字报业的从业人员以前多服务于纸质报纸或依然从事纸质报纸业务，使用多媒体设备的能力不足，沿袭了传统纸质报纸的采编思维，新闻呈现虽然涵盖了文字、视频、音频、图片等，不再只是简单地将纸质报纸的内容移植到网络，但是在呈现上依然显得呆板，新闻形式缺乏创新性，互动性不强，缺少多层次、多形态的灵活创新的新闻报道。以数据新闻为例，我国报媒对数据新闻的可视化呈现以常规静态信息图为主，尤以柱状图和饼状图居多，还有相当一部分为图解新闻，主要是把文字信息转换为形象符号，以视觉化的方式引导读者对信息的关注和思考，离数据可视化之美的标准，即新颖、充实、高效和美感，尚存在不小距离。与我国报媒的数据可视化呈现相比，网络媒体更重视图表的多元化和互动性，比如腾讯"新闻百科"在《超强台风尼伯特有多可怕》的报道中，通过创意手绘动画的形式在1分43秒的视频里解读尼伯特的特点和影响范围。网络媒体制作的数据新闻报道在可视化呈现上丰富多样，更容易抓住用户眼球。

二、价格：尚不能灵活运用价格模式

价格是指用户在购买产品时所支付的价钱。美国《连线》杂志总编辑克里斯·安德森（Chris Andersen）在《免费》一书中提到正价格、零价格和负价格三种价格模式。正价格模式是指用户为购买某种商品或服务而支付的金额。零价格模式也称为免费模式，即用户可以不用支付任何金额就可以获得某种产品或服务。负价格模式是指用户在购买某种产品或服务时不仅不用付钱还可以从商家那里得到额外的利益。

（1）正价格模式在推行中受阻

我国的传统报业采取的就是正价格模式，买一份纸质报纸用户需要支付 1 元或是 2 元。然而，随着网络媒体的出现，受众从传统媒体流向网络媒体，我国报业的发行量面临下滑，发行收入出现骤减。为了弥补传统纸质报纸在发行收入上的减少，我国报业在转型过程中也尝试网络新闻收费。《温州日报》《人民日报》《安徽日报》《重庆日报》等都探索了付费墙业务，然而因定位不明，内容缺乏专业化和特色化，要么是无疾而终，要么是举步维艰。比如，人民日报电子版从 2010 年 1 月 1 日起开始实施收费，分为每月 24 元、半年 128 元、全年 198 元三种收费模式，仅仅在两个多月之后，在 2010 年 3 月 5 日，人民日报就对电子版内容收费模式进行了调整，变为前四版新闻内容和当天报纸的电子版内容长期免费，其他内容收费。2016 年 12 月 21 日，人民网宣布从 2017 年 1 月 1 日起，人民日报取消数字报收费业务。人民日报数字报从全面收费到部分收费，再到取消收费，这种调整也反映出正价格模式在中国现阶段的推行困境。用户习惯于免费阅读，而且也能够从多种渠道找到免费新闻信息，因此不愿意为新闻信息买单。考虑到用户的阅读习惯和自身的内容建设，我国报业在转型过程中应从实际出发，在付费墙的建设中应避免一刀切，对于独家新闻和高质量的新闻内容可以采用正价格模式实施收费，而对于其他一般性的新闻报道，则应多采用零价格，甚至是负价格的模式。

而在建设付费墙之前，我国报业在第一阶段肯定是采取免费阅读的模式，即使增加投入，也要培养受众在线阅读的习惯。数字报业的新闻产品是虚拟、数字化的，其研发成本是固定的，边际成本几乎为零。如果数字报业拥有的用户数量越多，分摊到每个用户的成本就会越低，甚至可以忽略不计。但是，庞大的用户数量会为数字报业贡献更多的收入机会，比如广告收入、增值服务收入、付费阅读收入等，只要用户的数量足够大，他们所带来的收益最终会超过其分摊的成本。

（2）零价格模式有待完善

零价格模式是一种以电脑字节为基础的经济学，而非过去建立在物理原子基础上的经济学，不是人们所理解的"强有力的推销手段"。① 零价格模式具体运用到报业转型中可以有以下三种主要途径。

第一种是直接交叉补贴。数字报业通过提供免费的新闻内容来吸引用户，然后再期望吸引来的用户购买其他商品或服务，来补贴新闻内容的免费。这种方式就要求数字报业要延长产业价值链，能够提供除新闻内容以外的商品或服务供用户消费，可以在报纸网站上开辟电子商务业务，比如时尚类报纸网站可以将新闻内容中提及的化妆品、服饰、鞋帽等以链接的形式直接跳转到电子商务网站，刺激用户的购物消费；可以开辟数据库业务，将内容数据库资料卖给用户，或是将用免费新闻内容吸引来的用户资料、阅读偏好等资料建立用户数据库，再充分利用用户数据库资料为广告商提供定制营销，或者卖给资讯公司、公关公司等实现盈利等。

康卡斯特公司就成功通过直接交叉补贴的价格策略推广数字视频录像业务。1969 年，拉尔夫·罗伯特（Ralph J. Roberts）、丹尼尔·亚伦（Daniel Aaron）和朱利安·布罗德斯基（Julian A. Brodsky）共同成立了康卡斯特公司（Comcast Corporation），通过一系列的收购和兼并之后，公司已经做到三网合一，主要经营有线电视、宽带网络和 IP 电话，成为美国最大的有线电视运营商和仅次于 AT&T 之后的美国第二大互联网服务供应商。在推广数字视频录像业务时，康卡斯特公司将带有机顶盒的 DVR（Digital Video Recorder），即数字视频录像机，免费发放给900 万用户。DVR 可以提供 80 小时标清节目录制或 15 小时高清节目录制。在一年半的时间里，DVR 的成本全部收回，并开始实现盈利。对 DVR 设备的补贴主要有三个来源：第一是初装费的补贴。康卡斯特公司向每一位 DVR 新用户收取 20 美元的初装费，光初装费就可以收取

---

① ［美］克里斯·安德森著、蒋旭峰等译：《免费》，中信出版社 2012 年版，第 8 页。

1.8 亿美元。第二是使用费的补贴。用户每月需要缴纳 14 美元的使用费，按照每台 DVR 的成本为 250 美元，900 万台的总成本费用为 22.5 亿元，那么 18 个月用户缴纳的使用费（22.68 亿元）就足够弥补成本费用了。第三是其他收费服务。DVR 业务会促使用户使用 VOD 业务（Video On Demand），即视频点播。VOD 业务可以提供 9300 多套标清节目和 100 小时的高清节目，95% 的节目可以免费收看。80% 的 DOV 用户都使用了 VOD 业务，激发用户对高速上网业务和数字电话服务的需求。8 兆流量的上网服务费为每月 43 美元，数字电话费用为每月 40 美元。如果用户要收看电影节目，还需以每部电影 5 美元的价格另外支付。因此，康卡斯特公司之所以能够在 DVR 业务上实现迅速盈利很大程度上是由于交叉补贴模式的成功运营。

第二种是建立多方市场。传统报业的市场是一个三方市场，即报社或报业集团、广告商、受众，报社或报业集团只能从广告商和受众两方获取收入。通过建立多方市场，数字报业的盈利来源就会呈现多元化，比如将用户在电子商务网站上的浏览记录和购买记录卖给广告商、品牌运营公司、电商等专业报社组织、电子商务协会、研究机构等，新闻内容资源和数据库资料等也可以卖给商业门户网站、相关企业、公关公司等。新闻内容免费提供给用户阅读，然而，真正为此买单的却是多方市场上的其他组织机构。

第三种是免费加收费模式。数字报业将免费为用户提供一部分新闻内容，超过限制之后，用户就必须花钱购买。比如用户在《纽约时报》网站上每月可以免费阅读 20 篇文章，超出部分，就需要花费 15 美元到 35 美元不等的价格订阅包月套餐。《华尔街日报》的个人版定制新闻也属于免费加收费模式，用户可以免费浏览一般性新闻，但是如果需要阅读为自己的阅读兴趣而量身打造的定制新闻时，用户就必须支付每月 15 美元的费用。另外，在丹麦，有一家健身俱乐部给会员提供了这样一种服务：只要你一周内能至少去俱乐部一次，那么你就不需要付费；

但是，如果你某一周没能去俱乐部，那么你就要付当月的健身费用。①借用这种商业运营理念，我国数字报业也可以规定用户在一个月之内必须至少有 20 天阅读某个数字报业新闻产品，否则也需付费。这种收费模式充分考虑到用户心理，既可以增强新闻产品的浏览量，扩大影响力，也可以增强用户粘性。

可以看出，零价格模式是将新闻内容免费提供给用户，用"免费"来吸引大规模的用户，报社或报业集团再凭借大数量级规模的用户从其他方面获取收入。而我国的数字报业产品多是以免费的形式提供给用户，但是却没有从其他方面获取额外收入。究其原因，主要存在三点：一是报社或报业集团依然是以单一的新闻资讯行业为主，离大传媒产业还有很大的距离，并没有其他的业务可以实现交叉补贴。二是我国报业的数据库业务尚未建立。我国报社或报业集团只有查询往期报纸的数据库，并没有具有特色的专业化数据库和储存用户资料、用户行为的数据库。另外，实体性、可赞助和可寻性内容的缺乏也尚不足以吸引第三方加入，无法构建多方市场。三是独创性内容产品的缺乏。只有具备独特价值的内容产品，用户才会愿意为此买单。而同质化严重、定位模糊、多媒体化程度不高的内容产品是不足以吸引用户的"注意力"的。

（3）负价格模式有待进一步探索

负价格模式是指用户不仅不用为新闻内容买单，反而还会获得其他收益，是一种激进的商业模式，目的是为了吸引新用户，开拓新市场。目前，负价格模式主要有两种形式，即"回馈"形式和"诱使"形式。"回馈"形式是指企业通过积分、优惠券等虚拟货币奖励用户的购买行为，用户发生购买行为在前，回馈奖励行为发生在后。比如航空公司为了留住用户，培养用户的忠诚度，会为用户的里程积分，当积分累计到一定数额时，用户就可以免费换取相应里程的机票。借用这种商业模

----

① ［美］克里斯·安德森著、蒋旭峰等译：《免费》，中信出版社 2012 年版，第 30 页。

式，只要用户浏览了一篇文章，报业经营者就会给予一定的积分，当积分累计到一定数目，就可以在订阅纸质报纸或在线收费内容时抵扣一定的订阅费，或者在电子商务网站购物时，积分可以当做现金使用。这种模式实际上是一种隐性降价，可以刺激用户消费，增加用户规模。

"诱使"形式是指在用户发生购买行为之前，企业就通过发放虚拟货币诱使用户发生购买行为。比如 2013 年 11 月 1 日至 11 月 9 日，为迎接"双十一"，阿里巴巴通过旗下的移动社交产品"来往"为用户派发 6000 万元的天猫现金红包。用户只需登录"来往"就可以获取红包，邀请他人注册还会获取更多红包，9 天最高能获取 6 万元的现金红包，诱使用户在"双十一"当天在天猫上消费，再通过卖家的广告费、商品搜索竞价费、增值服务费、点击费用以及支付宝产生的盈利获取收入。纵观全球报业的转型进程，还很少有报社或报业集团出现这种形式的价格模式，但可以预见的是，这种价格模式需要有充足的资金支持。"诱使"形式是先发放虚拟货币，用户再发生购买行为，存在一定的时间周期，报业的经营者要有充足的资金流，保证资金链不断裂。"负价格"并不意味着新闻产品和服务的低劣，而是要让用户体验数字报业新闻产品的优质和创新，这也需要前期的极大投入。此外，要有第三方的参与。数字报业的经营者将虚拟货币发放给用户，激发用户购买第三方的产品或服务，数字报业的经营者再从第三方获取收入，形成闭合系统。

三、渠道：多种渠道之间尚未形成充分联动

随着我国报业转型的深入，传播渠道也逐渐从单一化走向多样化。传统报纸的传播渠道只有纸质报纸，而现在跨媒介传播的趋势日益明显，除纸质报纸之外，还有网站、手机、移动智能终端、户外 LED 屏等多个不同的传播渠道。自 2005 年在《中国报业发展报告》中首次提出"数字报业"战略以来，我国报社或报业集团纷纷实施全媒体战略，

打造全媒体平台。虽然各大报社或报业集团都在积极打造全媒体的生产平台，但还都停留在探索阶段。虽搭建了内容共享平台，但报社或报业集团旗下的纸质报纸、新闻网站、微博、微信、APP 客户端等各自为政，多种渠道之间尚未形成联动效应，协调机制尚未建立。

多样化的传播渠道，并不是简单地将新闻信息内容通过所有的媒介予以传播，而是要针对更加小众化，更精准的媒介定位，制作出适合不同用户对象的形态各异的新闻产品，并且在新闻传播中加强与用户的分享与互动，要以新闻信息整体传播效果的最优化为目标。从整体上看，这些新闻产品是有差异的，包括内容的差异、角度的差异、表现形态的差异等，也正是这些差异，使媒介定位的差异得以实现。能够根据各种媒介的特点，将新闻信息实现分层传播是一种有效利用新闻资源的途径。以美国媒介综合集团的坦帕新闻中心为例，报纸、网站和电视台三个平台之间以多种形式合作，一个平台的新闻在很多情况下需要优先供其他媒介使用，比如在坦帕市，有一架小型飞机在银行上空坠毁，坦帕新闻网站 TBO. COM 的工作人员在目睹了这件事的发生过程之后，将新闻报道第一时间提供给网站，实现新闻的即时传播。这是分层报道中的第一层——快讯。快讯通常出现在网站、广播或电视上，这些媒介报道快的特点，能够实现实时发布。《坦帕论坛报》报道商业信息的记者以及档案管理及研究者立刻掌握银行承租人的文件档案、飞机的主人等详细信息，并且记者和编辑还积极寻找这起事故的目击者。这些新闻并没有首先供《坦帕论坛报》使用，而是先提供给电视台，再提供给报纸。这是分层报道中的第二层——详讯。详讯的时效性不如快讯，但是新闻信息更加丰富。报纸侧重于告诉受众"新闻意味着什么"，广播电视侧重于告诉受众"现场是什么情况，当事人说了什么"。而网络则可以将这些信息予以整合，与用户进行更多互动。大多数新闻停留在第二层即可，但是对于重要新闻，可以继续延伸至第三层和第四层。第三层为深度报道。对于重大新闻，可以运用解释、分析、预测等方法，深度挖掘新闻内容。深度报道不再孤立报道某个单一时间单一事件，而是围绕某一中心或主体立体地组织新闻要素。比如 2010 年 10 月 23 日，《卫报》新闻网站上的一则关于伊拉克战争的数据新闻让其名声大噪。《卫报》使用了来自维基解密的多达 39.1 万条的数据，并借用谷歌地图提供的免费软件 Google Fushion 制作了一幅点图，每一个红点代表一次死伤事件，红点遍布于整个伊拉克地图之上。读者可以缩放地图，鼠标点击红点还会弹出有详细说明此次死伤的人数、时间以及造成死伤原因的窗口。如图 6-2 所示，这里既没有用枯燥的数字作毫无人性的平静描述，也没有采取夸张的文字进行煽情式的叙述，但地图上密布的红点却显得格外触目惊心。新闻从业者富于人性的思索通过精准的数据和适当的技术被传达出来。[1]

图 6-2　《卫报》新闻网站数据新闻可视化的页面截图

---

[1]　章戈浩：《作为开放新闻的数据新闻——英国〈卫报〉的数据新闻实践》，《新闻记者》，2013 年第 6 期。

第四层为整合报道。这一层次是将第一层、第二层和第三层的内容予以整合，以网页的形式呈现出来，让用户全方位了解信息。比如2013年获得普利策奖的《纽约时报》"雪崩"报道。记者 John Branch 对滑雪场上的高死亡率高度关注，通过展现滑雪圣地的3D地图、追踪知名滑雪者的第一手图片、知名滑雪者的视频访谈等，历时六个月，制作了六部分扣人心弦的故事，集文字、图片、视频、三维地图于一体，使新闻报道既不失专业性，又以生动立体的形式呈现，发表六天内获取了290万次访问和350万次页面浏览。整合报道耗费的时间较长，但却可以生动形象地向用户展示事情的来龙去脉，方便用户回顾和全面了解。

自媒体深度融合以来，我国报社或报业集团对旗下各媒体之间的联动配合逐步关注，人民日报在搭建"中央厨房"时就设置了总编调度中心，负责整体统筹工作，但大部分报社或报业集团在传播渠道的联动上尚不充分，特别是传统媒体与数字报业产品之间常常各自为政，缺乏多层次、多角度立体呈现的联动报道。

四、促销：推式促销策略面临淘汰

促销是指报社或报业集团利用人员、广告、价格、服务、营业推广等各种有效方法和手段，使用户了解和注意报社或报业集团所提供的新闻产品，激发用户的购买欲望，并最终实现购买行为。促销策略的类型分为推动策略和拉引策略。

传统报业使用人员推销的方式，促销手段是单一的，比如《华西都市报》自创的"敲门发行学"，建立由3000人组成的发行网络，挨家挨户地推销《华西都市报》。在全国各地广建报刊亭，采取网点销售法等，这些促销方式都是采用典型的推动策略。如图6-3所示，报社或报业集团主要通过推销人员和报刊亭两种途径将报纸推送到受众，采取的促销手段多为赠送礼品、赠送刊物等方式。

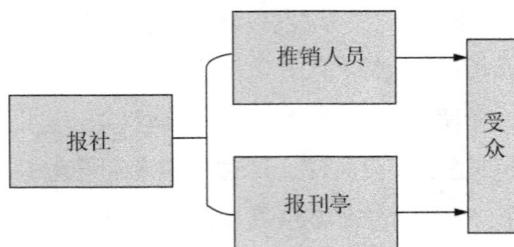

图 6-3 "推动"促销方式示意图

而在网络时代，推动策略已经不再适用。推动策略更适合用户数量小、交易金额大、对技术服务要求高的工业品。2013 年 5 月，郑州市区的最后一座报刊亭被拆除，2014 年 7 月 31 日一夜间，北京朝阳区有 69 家报刊亭被强制拆除，南京、杭州等二线城市的报刊亭也正迅速减少。2008 年到 2013 年间，我国就拆除报刊亭万余个。如图 6-4 所示，从 2012 年到 2016 年，除了 2013 年报纸发行收入微弱增长 2% 之外，其余四年均为下降，特别是 2015 年，我国报纸发行收入更是下跌 40%，创下历年来的跌幅之最，其中最重要的原因就是用户可以通过网站、微博、微信、APP 客户端等免费、便捷的阅读方式获取海量信息。

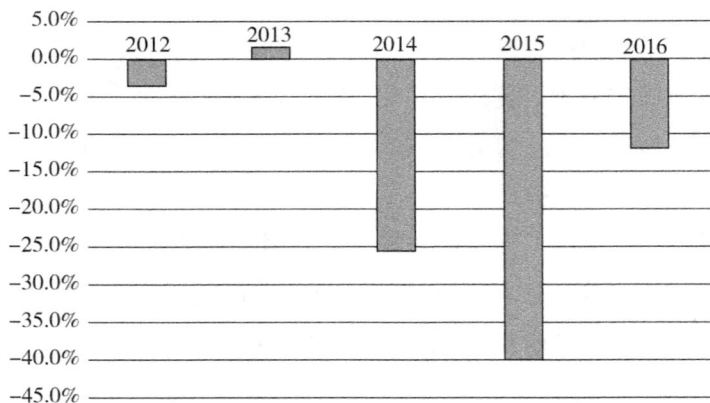

图 6-4 我国报纸发行收入的增幅情况

数据来源：根据 2013 年至 2017 年中国传媒产业发展报告数据整理得出

在网络时代，信息内容产品的同质化程度较高，用户关注的是如何快速便捷地阅读到自己所需的新闻信息内容。面对日益激烈的市场竞争环境，我国报业在转型的进程中，促销的策略要从推动策略转变为拉引策略。拉引策略是以用户为中心，如图 6-5 所示，首先，要建立用户数据库，将用户的行为数据和人文资料储存在数据库。其次，要对用户数据库进行分析，分析用户需求，甚至挖掘用户的潜在需求。报社或报业集团根据用户的需求生产出适合网站、手机、移动智能终端、数据库、微博、微信等不同媒介特点的新闻产品，不断改进产品和服务，直至满足用户需求，甚至超越用户需求，完成用户体验。最后，综合协调地使用多种促销手段，实现整合营销。整合使用零价格模式和负价格模式、各种激励机制、广告宣传、品牌效应等促销手段，取得"1+1>2"的效果。

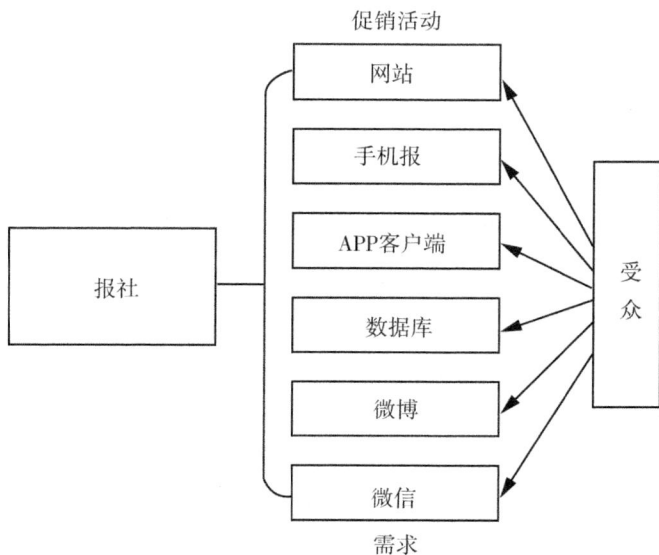

图 6-5 "拉引"促销方式示意图

五、人员：经营思维的滞后与人才的缺失

首先，在网络时代，报业从业人员的经营思维没有及时进行调整。传统报业的经营对应的是工业化思维。在信息匮乏的年代，报业通过大规模生产、大规模销售和大规模传播来获取发行收入和广告收入。在媒体融合背景下，新闻信息可以通过多种渠道传播，由单向度传播转变为双向度传播，静态传播转变为动态传播。报业面临的竞争环境越来越激烈，报业市场由买方市场转入卖方市场，报纸受众不再是被动接受信息，而是主动制造、搜寻信息。新闻信息的生产者与消费者的角色发生了转变，消费者主权形成。数字报业是媒体融合背景下的产物，它的经营思维完全不同于传统报业的经营思维，报业从业人员需要从以工业化思维为主导转变为以互联网思维为主导。互联网思维最重要的标志是建立"数字优先"的发展战略。数字报业产品并不是传统报媒的延伸，不是将传统纸质内容转换为机器可读形式，刊载于电脑、手机、阅读器等新型阅读载体，而是作为一种全新的媒介，专为多设备、多屏幕世界而设，新闻内容的传播从单一传播转变为双向传播，从静止传播转变为动态传播，从平面传播转变为立体传播。现在，很多报社或报业集团的从业人员都还是按照传统报业的工业化思维来运营报业，思想观念陈旧，不愿接受新思想，不敢尝试新方式。这种人员结构会导致种种不良后果，比如：不接触社交媒体这类新事物导致不了解市场的动向，造成制作出来的产品内容不能满足当今受众的需求，在很大程度上阻碍了新技术在传媒产业的运用等。

其次，高层次复合型人才的匮乏与流失正在加剧。随着报业转型的推进，其对高层次复合型人才的需求呈现出井喷态势。只会对新闻内容进行采编已经远远不能满足媒体融合时代对人才的需求，新闻从业者需要具备全媒体报道能力，能够根据各种媒介的不同特点和受众特点，对内容聚集平台上的新闻素材进行重新组合和深度加工，形成形态各异的

新闻产品,实现一次采集,多种渠道,多次发布。此外,还要具备超强的分析能力,充分利用数据库,对数据内容进行深度挖掘和分析,提供独具视角的深度新闻。然而,现阶段在报社或报业集团的从业人员中既懂传统采编业务,又懂新媒体运营,还懂得数字技术与网络技术在传媒中运用的人才实在太少。美国坦帕新闻中心设立了"多媒体新闻总编辑"一职,统领《坦帕论坛报》、网站和电视台的新闻报道,决定如何在三种不同媒介上形成多层次、多角度的新闻报道,实现联动效应。而我国能够担当"多媒体新闻总编辑"一职的人才少之又少。

高层次复合型人才本来就很少,还要面临人才流失的问题。由于现阶段我国报业转型仍没有找到明晰的盈利模式,发展前景不甚明朗。一些报社或报业集团仍存在"大报"观念,看重传统大报所提供的正式编制和晋升机会。相较新媒体,报业从业者更倾向于选择传统大报。因此,数字报业的从业人员上升空间有限,出现积极性不高、创新动力不足等情况。而反观社交网站、电子商务网站、商业门户网站,他们为这些高层次复合型人才不仅提供了更多自由发展的空间,更适应网络时代发展的创新团队,而且也提供了比报社或报业集团更好的福利待遇。因此,数字报业的采编和运营人才纷纷从报社或报业集团跳槽到社交网站、电子商务网站和门户网站。

最后,对高层次复合型人才的培养不够。一方面,媒体融合时代需要高校能够培养出跨媒体的"超级记者",既能为纸质报纸提供新闻,又能够为网络提供新闻,还能够提供音频、视频和图片等,但是相较于2005年9月世界上第一所开设"媒体融合"专业的美国密苏里新闻学院,我国一些高校新闻与传播学院开设的课程存在重理论、轻实践的问题。理论型人才是不能满足媒体融合时代对人才的需求的,虽然开设了相关的"媒体融合"课程,甚至"媒体融合"专业,但是涉及媒介技术、数字报业运营与管理等方面的专业知识却很少。另一方面,报社或报业集团很少为一线的从业者专门组织与媒体融合相关的技术、运营与管理等方面的在职培训。网络平台上虽有大量培训资源,但是较高的报名费用，再加上工作繁忙，报业从业者也很少自觉接受线上培训。线上和线下的培训弱化也造成在媒体融合进程中报业从业者日益明显的"本领恐慌"现象。

六、有形展示：客户应用端界面不够友好

有形展示也就是产品或服务的展示，包括环境设计、设备设施等。报业转型过程中，内容的展示从纸质报纸转变为了各种电子终端设备，比如电脑、手机、平板电脑、移动阅读器、户外 LED 屏阅报栏等，也包括安装在这些终端设备上的客户应用端。报业在有形展示上存在的主要问题是客户应用端界面不够友好，用户粘性不强。

在视觉呈现方面，数字报业新闻产品，特别是新闻网站，显得过于花哨，各式各样的字体和颜色，不同大小的图片以各种各样的动画显示方式，客户端下载二维码和广告在页面上随处可见。为了追求广告经济效益，设计人员往往在顶部、右边和左边等显眼位置设置广告窗口，覆盖新闻网站的信息内容，不仅影响网站美观，而且用户要想阅读覆盖部分新闻内容必须手动关闭广告窗口，影响用户阅读体验，极大地降低了报纸的公信力和权威性。在互动性方面，维布克·韦伯和汉斯·拉尔（Wibke Weber & Hannes Rall）将互动分为低级别互动、中等级别互动和高级别互动。低级别互动包括对象交互（object interactivity）和线性交互（linear interactivity）。对象交互是指用鼠标或其他设备点击网页上的按钮、任务、图案，出现声音、图像、视频予以回应。线性交互是指用户可以在预设的叙事框架下按照一定的顺序（上页或下页，前进或后退）浏览信息。中等级别互动包括等级交互（hierarchical interactivity）和超链接交互（hyperlinked interactivity）。等级交互是指为用户提供了一套预先设定好的一系列选项，用户可以选择特定的路径或结构来获取信息。超链接交互是指为用户提供链接地址，用户可以任意选择点击进入，从而获取大量信息。高级别互动是一种概念化互动

（construct interactivity），是对修正性交互（update interactivity）的扩展，用户能够自设内容框架，在信息图中能够自主选择浏览路径，通过操作一定的组件对象来完成特定目标。内容互动性的设置可以让用户参与其中，激发用户的兴趣，增强用户粘性。通过观察我国数字报业新闻产品，可以发现，大部分的互动都停留在低级别和中等级别。几乎所有的数字报业新闻产品都具有对新闻内容进行转发和评论的功能，部分新闻产品，包括新闻网站和 APP 客户端都设置有用户上传版块，比如荆楚网的"民生热线"、大河网的"民生"、宁波网的"天一论坛"等，网民可以发布投诉、咨询、爆料、交友等信息，相关政府部门、律师和其他网友可以进行回复，形成互动，但是这种互动还停留在浅显层面，用户粘性不强。在个性化方面，用户面对的数字报业产品的内容都是一致的，并没有对用户的使用行为进行记录和分析，还不能将基于用户阅读兴趣的新闻信息推送给用户，实现个性化阅读。此外，在人性化方面，数字报业在阅读体验上还需提高。比如，用户只能在文章开始处和文章结尾处通过"分享"按钮将文章分享到微博、微信、博客等，"分享"按钮并不能随着用户鼠标的移动而移动，不便于做到随时分享，削弱用户分享意愿；对于较长的文章，新闻网站一般采取分页设置，用户需手动点击才能实现从上一页跳转到下一页，中间的缓冲时长会影响用户阅读的流畅性；有些数字报业新闻产品不支持字体缩放和语音播报等功能，为视觉障碍人士阅读新闻内容带来不便。

七、过程：尚未建立以用户为导向的传播过程和生产流程

我国报业的转型使传播过程和采编流程都发生了极大的变化。美国学者拉斯韦尔（H. D. Lallwell）在 1948 年提出了"5W 模式"，指出谁（who）、说了什么（say what）、通过什么渠道（in which channel）、向谁说（to whom）和有什么效果（with what effect）构成了传播过程的五个基本要素。

传统报业以"内容为王",生产什么,受众就接受什么,是一种自上而下的过程。如图 6-6 所示,报纸记者通过纸质报纸向受众传递权威性和独家性的统一新闻内容,起到宣传和教育的作用,与受众之间呈松散状态。在这一过程中,受众处于被动地位,报纸以权威性和独家性的内容来吸引受众,以此获得发行收入。再以用户规模作为筹码,经过"二次销售"获取广告收入,整个过程是单向封闭的,传播效果也较弱。

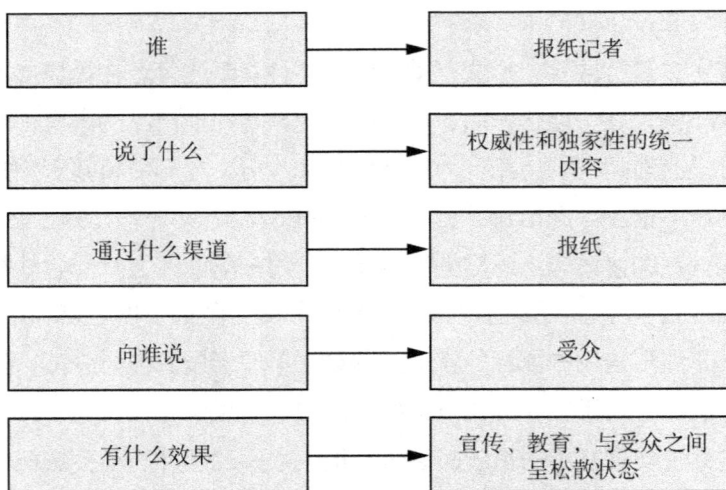

图 6-6　传统报业的传播过程

在信息匮乏的年代,这种工业化生产模式是行之有效的。然而,随着数字技术和网络技术的发展,信息爆炸式增长,用户的注意力成为稀缺资源,如何在海量的信息中快速吸引用户的注意力成为关键。因此,在网络时代,报业需要在优质内容的基础上考虑用户需求,呈现一种自下而上与自上而下相结合的互动过程。在这一过程中,用户处于主动和中心的地位,用户不仅可以主动地去选择自己所需的信息,而且还可以发布信息,集传者和受者于一身。整个过程是双向开放的。如图 6-7 所示，一方面，报纸记者以了解用户的需求为前提，通过报纸、新闻网站、微博、微信、APP 客户端等多种媒介向用户提供个性化的新闻内容。另一方面，用户也可以成为传者，生产公民新闻，通过自媒体，包括论坛、博客、微博、微信等，在第一时间向大众传播自己在特殊时空中得到或掌握的第一手新闻报道。整个过程是双向开放的，用户可以评论、转发新闻信息，产生互动效果。以用户需求为导向的传播过程，其传播效果也较强。

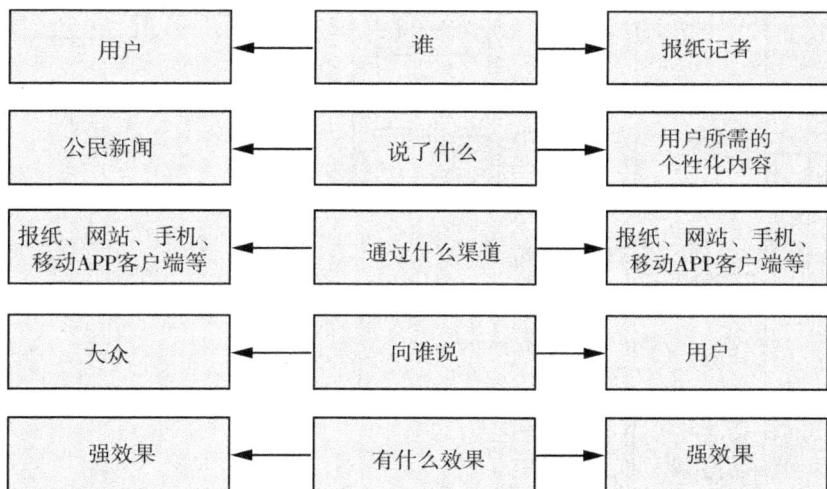

用户	←	谁	→	报纸记者
公民新闻	←	说了什么	→	用户所需的个性化内容
报纸、网站、手机、移动APP客户端等	←	通过什么渠道	→	报纸、网站、手机、移动APP客户端等
大众	←	向谁说	→	用户
强效果	←	有什么效果	→	强效果

图 6-7 数字报业的传播过程

伴随着报业转型，报业的生产流程也将改变。传统报业的生产流程较为简单，报纸记者采集新闻信息，经过内容和广告编辑之后，在纸质报纸上发布。随着报业媒体融合的发展，报业从单一报纸产业转向大传媒产业，从内容提供商转向综合信息服务商。如图 6-8 所示，位于报业生产上游的是内容聚集平台，旗下不同媒介的记者、编辑、摄影、摄像打破媒介壁垒组成"超级团队"，这个"超级团队"可以是为某一新闻报道临时组建的，也可以是长期存在的，不光为纸质报纸、新闻网站、手机报、网络视频、APP 客户端、官方微博、微信等提供文字、图片、音频、视频在内的内容生产素材，还将延伸到内容数据库和内容供应上。

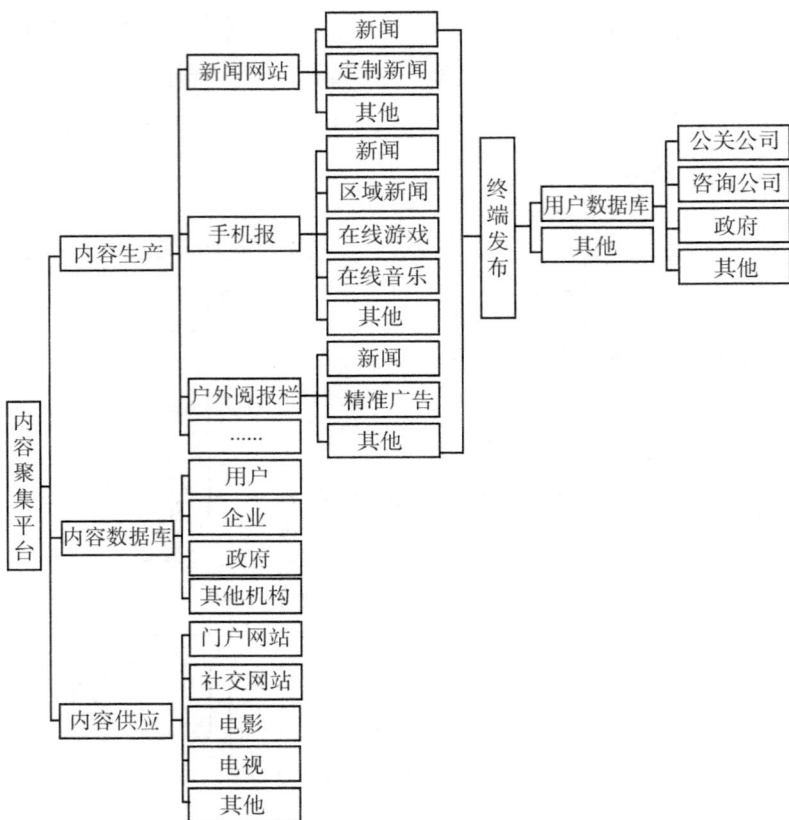

图 6-8 数字报业的生产流程

内容数据库不仅仅是往期报纸的存储数据库，而是与其他企业、机构合作，将内容进行重新组合和深度加工之后所形成的具有专业性的特色数据库，一方面为报业的内容生产提供素材来源，提升新闻内容的质量，另一方面可以供用户、企业、政府和其他机构使用，增加收入来源。比如《日本经济新闻》拥有 NIKKEI TELECOM、NIKKEI NEEDS 和 NIKKEI NET 三个主要数据库。TELECOM 汇总了多种经济类报刊的新闻信息，各大企业的财务数据、业绩预测和人事信息，股票、债券、期货和商品在内的市场信息，企业调查公司提供的外部信息，零售店铺POS 数据信息、JOIS TKC 法律信息、NRI CYBER PATENT 网络知识产权等专业信息等。TELECOM 数据库提供的有偿新闻报道与商业信息的检索服务获得了三大数据库中最高的营业收入，每天有 1500 万次的点击率，占数据库总收入的 52%。NEEDS 数据库通过引入日经调查、QUICK 公司以及外部 IP 等的信息数据建立了企业财务数据库、市场信息数据库、宏观经济数据库和 POS 数据库共 4 大数据库，包括政府统计公报、企业财务报表、商品销售数据近 500 万条信息。经过精确的分析，发布景气预测、各种指数和排名以及调查数据，再通过服务器访问、专线数据传输和光盘等形式有偿提供给金融机构、政府、学术研究机构。同时，数据库信息也为旗下报刊、日经网、QUICK、日经出版物、QUICK 公司、评级投资信息公司等提供信息服务。NET 日经网提供新闻速报、股价等数据信息服务，页面浏览量为每天 1500 万到 2000 万。网上只提供三分之一的主报文章内容以及网站记者的采访新闻和来自时事通讯社的新闻，采取会员制服务。会员费和数据库收入构成了NET 的主要收入来源，占数据库总收入的 17%。随着知识产权保护意识的增强，数字报业还可将新闻内容直接卖给门户网站、社交网站、电影、电视、图书等。内容数据库和内容供应是数字报业拓宽盈利渠道的有效途径。

位于报业生产中游的是内容生产。各媒介统一从内容聚集平台上选取内容，实现一个产品，多个出口，一次采集，多渠道发布。充分挖掘媒介的特有优势和受众特征，开发出适合媒介特点的多种业务。以手机为例，第 38 次《中国互联网络发展状况统计报告》显示，截至 2016年 6 月底，我国手机网民规模达 6.56 亿，占网民总数的 92.5%，手机网络新闻使用率达到 78.9%。①手机成为网民上网终端的第一选择。面

---

① CNNIC：《中国互联网络发展状况统计报告》，http：//www.cnnic.net.cn/hlwfzyj/hlwxzbg/hlwtjbg/201608/t20160803_54392.htm，2016-10-31。

对广泛的用户群体，我国报社或报业集团可以在手机终端上大有作为。美国学者 Amy Schmitz Weiss 提出将新闻 APP 客户端与区域定位服务相结合的观点。① 将区域新闻、餐饮、娱乐等信息通过手机 GPS 定位的方式发送到用户手机，深度开发手机网民，让越来越多的人，特别是青年人用智能手机阅览新闻信息，增强用户粘度。除了设计出新闻信息与区域定位相结合的 APP 客户端之外，还可以从在线游戏、在线音乐、电子商务等方面开发多业务运营。此外，新闻网站还可以开展定制新闻业务，户外 LED 屏阅报栏开展精准广告业务等。

位于报业生产下游的是终端发布。报业要充分利用网络的特点，追踪用户使用行为，搜集用户人文资料，建立用户数据库。一方面，用户数据库可以帮助数字报业分析用户，提供定制新闻和精准广告，从而增加在线订阅收入和广告收入，另一方面，将用户数据库的资料卖给资讯公司、公关公司和相关企业，也可以拓展收入来源。

我国报业对内容价值尚未完全挖掘，内容聚集平台上的新闻内容多只供内容生产，而鲜为内容数据库和内容供应服务。在内容生产方面，较重视新闻内容的生产，而忽视其他增值服务；在终端发布上，忽视用户行为数据的收集，这些原因导致我国报业的盈利点单一，难以形成规模经济和范围经济。

第三节　制度层面

互联网开启了报业的新时代，在网络媒体的冲击下，传统报业纷纷进行转型。然而，我国依然用旧有的制度来运营管理置于新时代下的报业，使得报业处于尴尬境地，现有制度极大约束了报业的发展。

---

① Amy Schmitz Weiss. Exploring News Apps and Location-based Services on the Smartphone. *Journalism & Mass Communication Quarterly*, 2013, 90 (3): 435-456.

一、相关配套法律政策的缺位

目前我国有关报纸产业的专门法一直处于缺位状态。从整个传媒产业来看，规制多是行政机关颁布的行政法规、部门规章制度和规范性文件，而少有法律条文，法律位阶低，立法数量少。而相比之下，国外对传媒产业的立法较多，比如韩国有《出版及印刷振兴法》《广播电视法》《文化产业振兴基本法》《电影振兴法》《唱片、录像带暨游戏制品法》等，日本有《文化艺术振兴法》《文化产业促进法》《信息技术基本法》等，美国有《无线电法》《通信法案》《联邦电信法》等，英国有《独立电视法案》《广播电视法》等。目前我国除了有《广告法》和《著作权法》之外，还尚未建立以宪法的基本原则为依据，形成宪法、法律、法规、政策相互配套的适用于报纸产业的法律规范体系，这就会导致在报业管理过程中制裁手段单一，在具体操作中随意性强，处罚力度不够，规章制度内容短视，缺乏前瞻性，忽视网络技术和网民发展速度以及其对社会生活的影响、法律及规章制度跟不上网络时代的发展要求等诸多问题。为了减少不确定性和操作难以规范等问题，我国应结合报业实践和具体国情，构建完善的法律法规体系。

二、政策缺乏统领性和连贯性

长期以来，我国报业的发展区域是按照国家行政区域进行划分的，这种条块分割、画地为牢的报业管理模式，造成市场分割，尚未形成全国大市场。由于体制性障碍，我国尚未建立对报社或报业集团进行统一管理的部门。虽然 2013 年在"大部制"的推动下，国家新闻出版总署和国家广播电影电视总局合并，成立了国家新闻出版广电总局，"报业集团"也纷纷改名为"报业传媒集团"，但是"报业传媒集团"仍然受到国家新闻出版广电总局、文化部、国家工业和信息化部以及各级党委宣传部等部门的多头管理，各部门从各自利益出发，常常政出多门，政策缺乏统领性，为媒体深度融合背景下的报业运营和管理带来难题。原解放日报报业集团党委书记、社长尹明华就曾表示："媒体要做大做强，则需要更丰富的资源，如果不破除政策上的瓶颈，我们就会停滞不前。"不同部门的管理思路、出发点、立足点和政策主张都有所差异，表现在出台的政策上就有各自的目的偏好，这就使得"规范"、"办法"之间缺乏系统性和整体的关联性，难以构建起相对稳定的规制环境。再加上我国报业在转型过程中的经验不足，政策上出现的不稳定性和不连贯性容易导致报社或报业集团不敢大胆投入，也不愿投入过多的人力、物力和财力，往往持观望态度，看政策走向。战略投资者，特别是一些非公有制企业，害怕由于政策的不稳定性和不连贯性带来的巨大风险，往往出现投资短视行为，这不利于我国报业的可持续发展。

三、限制性政策过多

为适应媒体融合时代的要求，实现报业顺利转型，我国报社或报业集团在平台建设和技术升级上需要长期、持续的巨额资本投入，然而我国对报业在资本运作上限制性政策过多。以民营资本、社会资本投资报业为例，我国对非公有资本进入文化产业已经从禁止进入放宽为有限进入，但仍有着严格限制。在进入范围上，非公有资本只可以投资参股新闻出版单位的广告和发行业务，对上游的采编环节是禁止进入的；在投资额度上，国有资本必须控股51%以上；在进入方式上，非公有资本进入文化产业要进行严格审批程序，须经有关行政主管部门批准，进入后的运作也受到严格的干预限定。这些限制性规定使得非公有资本只能获得有限的经营权和收益权，不能获得相应的实际控制权和国家认可的媒体产权，极大地削弱了大型非公有资本参与报业投融资的积极性，影响了民营资本和社会资本参与数字报业资本运作的广度和深度。

报社或报业集团的管理体制也有待完善。我国接触媒体融合的时间不长，如何促进报业的媒体融合，使其为报业重新获得用户是一项富有挑战性的任务，需要报业领导有足够的创新精神和勇于探索的精神。然而，我国报社或报业集团的领导同时拥有行政领导职务和企业领导职务，处于行政组织与传媒组织的双重博弈之中。比如，2010 年 9 月，邓亚萍在调入由人民日报社和人民网合资组建，由人民搜索网络股份公司负责运营的"人民搜索"担任总裁的同时还担任人民日报社副秘书长。在人民搜索因经营不善关门之后，邓亚萍继续履行人民日报社副秘书长的职务。职务报酬、沉没成本和机会成本使传媒领导面临较高的退出行政组织的成本，而即使退出传媒组织，传媒领导依然拥有不变的行政级别和待遇。这种状况会"弱化传媒组织的激励性，强化行政组织的激励性"。① 在双重博弈下，传媒领导的行为取向偏向"不出错"、"不突破"，因为创新的结果能否达到行政组织的满意是无法预期的，风险较大，而模仿和跟随的风险则小得多。另外，由于很多报业传媒集团尚未建立完善的激励机制，传媒领导担当的风险与最后的回报难以形成正比例。因此，行政组织在博弈中的强势是导致数字报业的传媒领导缺乏企业家精神，安于现状，跟风模仿，进而导致数字报业产品与服务的同质化的重要原因。

---

① 向志强、彭祝斌：《传播领导双重博弈中的激励与行为》，《现代传播》，2008 年第 5 期。

第七章 我国报业转型的发展
策略之一：智媒化

随着媒体融合发展的逐步深入，技术的支撑作用越来越显著，人工智能技术、大数据技术、云技术与媒体之间的联系越来越紧密，并不断改变着传统的新闻生产流程，重塑着整个新闻业态，新闻的发展模式呈现出多样化态势，机器人新闻、传感器新闻、AR/VR 新闻等新的新闻形式被越来越多的媒体付诸实践，智媒化时代宣告来临。正如彭兰所言："Web2.0 之后媒体变革的起点是移动互联网，但它更大的趋向是媒体智能化，或智媒化。"[①] 在这一背景之下，智媒化成为我国报业转型的一种必然化发展策略。

第一节 新闻采集的自动化

随着信息存储技术的提升、数据处理能力的增强，以及用户向移动端转移的趋势，新闻信息数据、用户行为数据、UGC 越来越多，新闻记者的人工方式已经难以驾驭如此大数量级的数据。为了提升数据的有效性，新闻的采集需要完成从人工采集向自动采集的转变。

---

① 彭兰：《智媒化：未来媒体浪潮——新媒体发展趋势报告（2016）》，《国际新闻界》，2016 年第 11 期。

一、嵌入传感器，自动反馈采集数据

智能媒体时代，以传感器为载体、大数据处理技术为支撑的传感器技术对丰富和优化新闻源起到了重要的作用。① 可穿戴式设备的普及、智能手机的无处不在以及传感器设备的易得性为新闻采集自动化的实现提供了先决条件。当传感器的嵌入越来越多，新闻媒体就可以通过传感器收集大量数据。传感器新闻最早出现在 2002 年的美国，而我国媒体则是在 2014 年之后才有所涉足，其中又以央视与百度合作，通过百度地图 LBS 开放平台采集用户手机定位信息而制成的数据新闻"据说春运"最为典型。目前，虽然我国报纸的传感器新闻寥寥无几，但《华盛顿邮报》《今日美国》等国外纸媒却在传感器新闻上做出了有益尝试。《华盛顿邮报》在《周边地区的枪声》(*Shots heard around the District*) 新闻报道中，记者利用覆盖整个城市三分之一的传感器监测到的八年时间中发生在室外的 3.9 万次枪击事件，制作了枪声地图（见图 7-1），并通过传感器记录的声波分析枪声。

传感器显然比印刷媒介、广播及电视等传统媒介增强了"人的延伸"，它不仅可以"看"到人看不到的图像，"听"到人听不到的声音，还可以从更多角度获取人无法用感官得到的信息，② 因此传感器的普及不仅可以拓展记者新闻采集的渠道，而且还可以丰富采集到的信息维度。

传感器除了可以采集新闻素材之外，还可以提供用户行为的反馈数据。2012 年底，眼球运动轨迹研究公司就对国外知名网站和社交网络的用户尝试过眼球追踪，通过网络摄像头记录用户进入网页后十秒内的

---

① 喻国明、兰美娜、李玮：《智能化：未来传播模式创新的核心逻辑——兼论"人工智能+媒体"的基本运作范式》，《新闻与写作》，2007 年第 3 期。
② 喻国明、兰美娜、李玮：《智能化：未来传播模式创新的核心逻辑——兼论"人工智能+媒体"的基本运作范式》，《新闻与写作》，2007 年第 3 期。

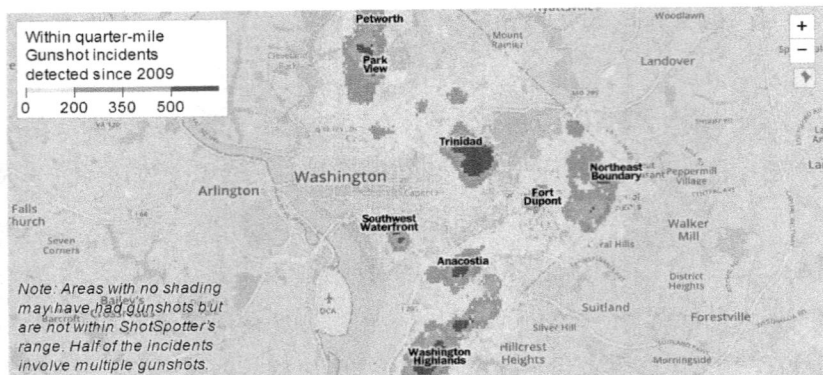

图 7-1　《华盛顿邮报》新闻报道《周边地区的枪声》的页面截图

眼动情况，并制作眼球热力图。通过热力图，我们可以清楚了解用户的阅读习惯和阅读兴趣，网站可以以此为依据，改变网页设计、排版位置和呈现内容，吸引用户注意力，并针对不同用户的阅读兴趣，推送定制化内容，提升用户阅读体验。我国报业集团应该积极主动地将现有前沿技术引入用户行为分析之中，将以前抽象宏观的印象式分析转变为具体微观的量化式分析，只有比用户更了解用户，才能挖掘出用户的潜在需求，提高新闻产品的竞争力。

二、推行采制分离模式，适应新闻生产专业化要求

传统报业的生产流程是线性一体的，如图 7-2 所示，报纸记者采集新闻信息，经过内容和广告编辑之后，最后在终端上发布，整个过程都在报业集团内部完成，外部企业或机构很少参与其中。但是，随着媒体融合的深入发展，新闻从业人员已经明显感觉到"本领恐慌"，传统的采编人员对大数据技术、云技术、人工智能技术等的驾驭能力明显不足，大大限制了新闻信息采集的渠道。

因此，需要将依赖技术完成采集、存储和分析新闻信息的工作交

图 7-2 传统报纸的生产流程

由更加专业的第三方机构或企业，报业集团则聚焦讲述数据信息背后的新闻故事，是当前报业转型中的一大趋势。比如《纽约时报》与纽约大学动作实验室（New York University Movement Lab）合作完成的《音乐与指挥之间的联系》（*Connecting Music and Gesture*）新闻报道中（见图7-3），纽约大学动作实验室提供动作捕捉高速相机和反光设备，采集音乐指挥家的动作数据，《纽约时报》负责人物采访和新闻制作。

图 7-3 《纽约时报》新闻报道《音乐与指挥之间的联系》的页面截图

这种新闻采制分离的形式将不仅有助于报业集团借助外部资源完成新闻采集的量级和维度升级，用更加丰富的新闻素材制作新闻产品，而且还能够让新闻从业人员摆脱焦虑，扬长避短。

第二节 新闻内容推荐的个性化

在当下信息爆炸的时代，用户往往无法从海量信息中快速、直接地找到有针对性的新闻内容，这就要求报业集团能够充分利用大数据、人工智能等技术，在深度挖掘用户人文数据和行为数据的基础之上，以智能推荐的方式帮助用户完成新闻内容的匹配，实现个性化推送。

一、搭建内容平台与用户平台，实现精准推送

要实现新闻内容的智能化推荐，首先要有足够充足的内容可供新闻从业人员挑选，以满足不同用户的不同阅读需求。因此，对报业集团而言，内容平台的建立与链接是必不可少的。从媒体融合早期的滚动新闻部，到全媒体数字采编发布系统，再到现阶段"中央厨房"模式的全国推行，内容平台不断完善升级。2016 年 2 月 19 日，人民日报社启动"中央厨房"模式，2017 年多家报业集团陆续跟进（见表 7-1），"中央厨房"模式进入全面推行阶段。"中央厨房"模式能够实现"一次采集、多元生成、多渠道传播"的工作格局，报业集团旗下的报、网、端、微等各子媒实现内容资源的共享。

表 7-1　**全国部分报业集团或报社的"中央厨房"启用时间表**

时　　间	报业集团或报社名称
2016 年 2 月 19 日	人民日报社
2017 年 2 月 24 日	经济日报
2017 年 3 月 3 日	重庆日报报业集团
2017 年 6 月 6 日	河南日报报业集团
2017 年 6 月 6 日	大众报业集团

　　在内容平台的搭建过程中要防止"信息孤岛"的出现，平台与平台之间需要建立有效链接，打通"中央厨房"之间的壁垒，避免重复建设和资源浪费。人民日报社"中央厨房"已经与《河南日报》《湖南日报》《四川日报》《广州日报》《深圳特区报》等地方媒体建立了战略合作关系，① 在内容、技术和传播等方面开展一系列的合作，形成内容协作、技术共享、整合传播的格局，资源的共享从内部扩展到了外部，为新闻内容的个性化推荐提供巨大的"内容池"。此外，在共享内容平台的同时，还要凸显新闻产品的个性化。新闻从业者需要根据自身的媒介特点和受众特点，对选取自"中央厨房"的新闻素材进行二次加工和深度组合，形成形态各异的新闻产品。这就需要新闻从业者一方面具备极强的创新能力，另一方面还要对受众有极强的洞察力，实现新闻产品与受众的高度契合，为不同需求的受众精准推荐新闻产品。

　　因此，在内容平台搭建的同时，报业集团还需要积极搭建用户平台，建立用户数据库。通过深度挖掘和分析用户的人文数据和行为数据，建构用户画像，为新闻的个性化传播和人性化传播提供依据。然而，相较于"今日头条"等推荐引擎产品，我国报业集团在用户平台的搭建上尚显薄弱。笔者在南方报业传媒集团实地调研期间，《南方都市报》的首席战略研究员陈雨介绍了在建的全媒体集成中心。在 2009年，《南方都市报》开始与上海的阿尔法公司合作，共同开发全媒体集成中心，整个项目共分为三期。第一期已经基本建成，主要是满足新闻生产这一块。和以前华光和方正建立的系统有很大的不同，原来的信息很分散，没有入库。而全媒体集成中心首先就是要做到信息入库，建立一个新闻资讯的数据库，便于二次编辑，对稿件进行深加工。第二期工程会把营销系统加入进来，对于行业性的产品进行整合，加大品牌推广力度。第三期主要是建立用户数据库，深度挖掘用户数据，开展定制新

---

　　① 人民网：《人民日报"中央厨房"有什么不一样》，http：//news. xinhuanet. com/newmedia/2017-02/23/c_136078802. htm。

闻和定制营销。

在用户平台搭建过程中，报业集团需要注意两点：第一，扩大用户数据库规模。新闻产品的个性化推荐要依靠数据挖掘、信息检索、人工智能等技术手段，而这些技术手段的实施又要以大数量级的用户规模为基础。第二，细化用户特征。用户的人文数据标签除了常规的职业、年龄、性别、地域外，还可细化为手机型号、常用阅读环境等标签。同样，用户的行为数据标签除了转发、点赞、评论之外，还可细化为阅读文章的速度、对哪类话题最为关注、在什么情况下阅读这篇文章等标签。只有对用户特征的标签越细化，用户画像才会越精确。如图 7-4 所示，搭建内容平台和用户平台是实现新闻内容个性化推荐的首要条件，通过智能算法，将新闻内容的特征向量与用户的特征向量相匹配，当匹配度越高时，个性化的新闻内容推送就会越精准，反之亦然，而匹配度的高低则依赖于算法的优劣。

图 7-4　新闻内容个性化推荐的过程原理

二、优化算法，满足用户个性化需求

在大数据时代，为了实现新闻信息的个性化推荐，算法的研究十分必要，它直接决定着新闻内容与用户阅读兴趣的匹配程度。早期的新闻内容推荐主要采取的是协同过滤算法，即先找到与目标用户阅读兴趣相似的用户集合，再将集合中用户喜欢的，并且目标用户没有阅读过的新闻内容推荐给目标用户。这是一种基于新闻文本的相似性来寻求用户之间相似性的算法模式，对用户的数据挖掘深度不够，用户的阅读兴趣并不能准确完整呈现。现在较为流行的是新闻主题推荐算法，即将用户作为一个研究对象，通过用户的历史浏览记录，依托于相应的数据分析和数据挖掘的分析方式，致力于探索用户所感兴趣的新闻主题，最终通过主题分析来得到用户的兴趣爱好，推送相应的新闻信息和广告信息。①为了提高新闻内容推荐的精确度，基于新闻主题推荐模型，一些推荐引擎产品还在不断优化算法，比如在挖掘分析用户行为数据的基础上增加用户自选兴趣主题，并将自选兴趣主题不断细化，例如在体育主题下有乒乓球，乒乓球下有世乒赛，世乒赛下有知名球员，将用户的被动分析与主动选择相结合，提升用户阅读兴趣分析的精细化，实现新闻内容的智能推荐，满足用户的个性化需求。

与一些推荐引擎产品相比，我国报业集团在推荐算法上还存在一定差距，但近年来也在不断优化。2014 年 1 月，河南日报报业集团主办的大河网发布大河掌中报订阅客户端，用户注册之后，可以通过网页和手机两种方式实现个性订阅。用户可以订阅河南日报报业集团旗下所有报纸，随意组合任何报纸的任何内容版块，让每一用户的手机报内容都是独一无二的。虽然这在新闻内容个性化推荐上是一次有益尝试，但是大河掌中报订阅的内容只限制在河南日报报业集团旗下的报纸，选择范围有限，以为用户主动提供阅读兴趣主题数据为主，用户的人文数据和行为数据并没有得到充分挖掘分析。2017 年 1 月 4 日，全新的人民日报客户端四期正式上线，增设大数据智能推荐功能，将编辑筛选和智能推荐相结合，首页频道为用户智能推荐更"懂你"的新闻。② 可以看到，技术在报业集团中的支撑作用越来越明显，用户数据的分析从被动

---

① 方泽阳、李鹏飞、惠磊等：《关于个性化主页定制的新闻推荐算法研究》，http：//media. people. com. cn/n1/2016/0316/c402797-28203840. html，2016 年 5 月 2 日。

② 张意轩、刘赫：《人民日报客户端四期正式上线》，《人民日报》，2017 年 1 月 5 日，第 4 版。

到主动，用户画像的构建从粗放到精准。

随着大数据、人工智能等技术的不断进步，算法不断得以优化，新闻内容的推荐越来越精准，用户的个性化需求正最大化地得以满足。然而，与商业资讯平台不同，报业集团旗下的主流媒体需要警惕的是，不能一味迎合用户的阅读需求，被算法牵着鼻子走，让算法捆绑内容。报业集团不能照搬商业资讯平台以获取点击量为目的的算法模式，明确具有热度的新闻并不等于具有重要性的新闻，要在算法的基础上加上"安全阀"，让网络空间清朗起来。要坚持正确舆论导向，强化价值引领，以"人工智能+智能筛选"相结合优化推送方式，大力传播和弘扬主流价值，不能让"有意思"代替了"有意义"。[①]

第三节　新闻传播的沉浸式

随着媒体融合的逐步深入，新闻的表现形式越来越丰富，特别是在360度全景视频（Stereo3D）、增强现实（AR）、虚拟现实（VR）等技术不断成熟的背景之下，有越来越多的媒体正尝试打破新闻传播的二维模式，打造三维立体的沉浸式新闻。沉浸式新闻（Immersive Journalism）是指一种让观众获得新闻故事中描述的事件或情形的第一人称体验的新闻生产形式。2015年，AR/VR新闻开始兴起，美国的《纽约时报》推出名为"NYT VR"的APP客户端，英国的BBC推出VR真人秀节目《舞动奇迹》，我国的财新网推出国内首部VR新闻纪录片《山村里的幼儿园》和"深圳山体垮塌事故"系列VR新闻报道，沉浸式新闻成为业界一大热点，但是AR/VR新闻并不完全等同于沉浸式新闻，而只是实现沉浸式新闻的技术手段之一。相较于传统新闻，沉

---

① 宣言：《不能让算法决定内容》，《人民日报》，2017年10月5日，第4版。

浸式新闻能够让用户"置身"于新闻现场，提升新闻的现场感和冲击力，最大限度地还原新闻真实本身，尽可能避免由于新闻框架而带来的认知偏差。

一、不断加大技术投入，提高用户的沉浸式体验

从当下媒体生产制作的沉浸式新闻的呈现形式来看，由于技术成本的限制，三维立体成像还比较粗糙，拟真度尚不能达到理想水平，用户的沉浸式体验大打折扣，影响沉浸式新闻的发展。因此，报业集团首先需要加大技术人才的投入。报业转型的智媒化路径对新闻从业者的职业素养提出了更高的要求，复合型人才成为报业发展中的核心资产。然而，报业集团一直引以为傲的人才优势正逐步丧失，一方面，由于报业自身利润空间的不断下降，再加上在用人机制、运营机制、薪酬体系上的不足，近年来骨干人才的流失已成为不争的事实，技术型和复合型人才更是难留住、难招聘；另一方面，作为"互联网一代"，莘莘学子对网络媒体的粘度远远超过传统媒体，去传统媒体就业已经成为他们的备选项。为了摆脱技术桎梏，报业集团应提高技术人才在新闻生产中的地位，新闻记者不再是整个生产过程中的绝对主导者，技术人才同样有着举足轻重的作用。2017 年 8 月，人民日报社新媒体中心面向社会公开招聘高层次专业人才，包括首席技术官、高级设计及交互工程师、高级数据分析师等职位，承诺提供一流的事业发展平台和有吸引力的薪酬福利待遇。这一举措已经显示出报业集团或报社对专业技术人才引进的加强。

除了加大对技术人才的投入之外，报业集团或报社还需要加大对技术设备的投入力度。沉浸式新闻的生产制作是离不开设备支持的，而设备的优劣将会直接影响用户的沉浸式体验。比如 360 度全景视频的拍摄就需要全景摄像机的支持，比如 Gear 360、GoPro 运动相机、Insta360 全景相机等。我国媒体比较青睐的 Insta360 全景相机有不同型号，价位

从数百元到上万元不等，入门级的 Insta360 Air 价格为 788 元，为 3K 高清画质，而 24888 元的 Insta360 Pro 则具有 8K 的高清画质，并且还具备运动防抖优化和光流无缝拼接等功能，比前者的画质更清晰、更流畅、更稳当，用户的沉浸式体验也会更加优化。

二、加强与外部公司的合作，提高沉浸式新闻的生产效率

沉浸式新闻的生产制作涉及技术建模、空间渲染、交互设计等多个专业性科学技术领域，仅仅依靠报业集团内部的资源是很难完成的，传统的报业生产流程已经不能满足沉浸式新闻的生产需要。因此，报业集团要积极与外部专业公司寻求合作，将专业性较强的生产环节外包出去，按照所要处理的数据类型，将新闻素材交给所属技术公司，将新闻节目制作交给传媒公司，将新闻传播工作交给各类传播平台，① 实行"采制播分离"的模式，提高沉浸式新闻的生产效率和生产质量。

《纽约时报》在制作纪录片《流离失所》的过程中就与虚拟现实制作公司 VRSE 合作完成拍摄部分，《纽约时报》提供拍摄素材，VRSE提供技术支持；在硬件设备方面，《纽约时报》与谷歌展开合作，为订阅用户提供超过 100 万部的"谷歌纸板"（Google Cardboard）廉价头盔设备，用以推广 VR 新闻的阅读体验，有效解决了在观看硬件上普遍存在的价格偏高、携带不便等问题；在播出平台上，《纽约时报》借助Facebook 的社交网络平台发布新闻内容。在多方合作之下，已有 130 万人次观看了《流离失所》，收到了良好的传播效果。我国报媒在沉浸式新闻的生产制作上基本还处于内部封闭式模式，但是在播出平台上，除了在自身的网、端、微上播出外，还会选取腾讯、优酷、乐视、爱奇艺、UtoVR、得图等视频平台，但是视频的画质清晰度普遍不理想，这

---

① 严焰、范孟娟：《困境中前行：虚拟现实新闻发展探索与反思》，《中国出版》，2016 年第 20 期。

是因为，一方面目前大部分视频网站的带宽还不足以分发 3K 视频，更不用谈 Insta360 Pro 拍摄的 8K 视频，另一方面，视频网站的播放器对全景视频的支持力度不够，相比国外的 YouTube，我国视频网站在视频的压缩和传输方面还需进一步改善。因此，我国沉浸式新闻的生产制作和播出效果除了需要加强报业从业人员自身的媒介素养之外，还需要外部公司不断优化配套设施，提供更为理想的播放平台。

在多方合作过程中，报业集团或报社需要占据主导地位，其他外部公司均为服务提供方，目的是为沉浸式新闻的呈现提供良好的空间叙事环境，为沉浸式新闻的播出提供多元化的传播渠道。报业集团或报社需要警惕被外部公司牵着鼻子走，出现新闻"异化"，具体表现为：第一，技术公司过度渲染画面，凸显技术而弱化新闻价值；第二，一些商业平台为了追求点击量，会在沉浸式新闻中过多运用血腥、暴力等场面的特写镜头，使用户在体验中失去合理的"理性距离"，出现非理性情绪的蔓延。

三、注重用户"局内人"的角色设定，增强用户的参与感

2012 年，在由南加州大学安纳伯格传播学院的沉浸式新闻高级研究员诺妮·德拉佩纳（Nonny de la Peña）生产制作的沉浸式新闻报道《饥饿洛杉矶》（*Hunger in Los Angeles*）中，用户可以通过移动位置，近距离观看到因在烈日下等待急救食品发放而晕倒在地的饥饿者的面部表情，以及其他围观者的表情和表现，虽然这些图像和场景都是虚拟的，但是用户在 VR 设备的呈现下，依然会做出俯下身去观看或营救的举止。2014 年，在由谷歌 AP 基金和 TFI 新媒体基金制作拍摄的沉浸式新闻报道《使用武力》（*Use of Force*）中，用户在观看过程中被赋予交互自由，可以通过启动手上的设备，让虚拟现实的屏幕上出现一个"手机"，而同时他们也可以移动手上的设备，通过运动追踪将自己的动作实时同步在虚拟世界里，从而用"手机"对眼前的暴力场面进行 60 秒

限时"拍摄"。①

作为一种新兴的报道形式，沉浸式新闻在我国媒体中的生产实践还处于探索阶段，和国外媒体相比，主要表现为与用户之间的互动形式单一，用户的参与感不强。在 2016 年的两会期间，光明网、新华网、《经济日报》、《法制晚报》等都采用 VR 技术尝试了 360 度全景视频新闻报道，用户可以通过拖拽鼠标、滑屏手机等方式自主选取任意视角，身临其境地观看自己感兴趣的画面内容，并获得了可观的点击量。但是，我国报媒在制作沉浸式新闻时往往忽视了用户的角色设定，用户总是以一个"局外人"的身份在观看，参与度不高，粘性不强，虽有互动，但是这种互动只是一种低级别的互动，而如果想要让用户发自内心地热爱你的产品，发自内心地来推荐你的产品，互动应该是带有"温度感"的，② 让用户不再仅仅只是通过互动体验新闻产品的功能层面，而是在互动中表达自己的情感。因此，为了提高用户的参与感和粘性，我国报媒在制作沉浸式新闻时，需要将用户从新闻的"观望者"角色转变为新闻事件的"现场目击者"角色，从"局外人"转变为"局内人"。

第四节　实施智媒化发展策略中的重难点

一、坚守新闻本位原则

新闻媒体是以向社会传播信息作为其生存依据，传播信息是新闻媒

---

① 网易科技：《让读者体验"沉浸式新闻"》，http：//mini. eastday. com/a/160508183126927. html。

② 赵大伟：《互联网思维——独孤九剑》，机械工业出版社 2014 年版，第 51 页。

体的第一功能。① 新闻媒体需要针对社会普遍关注的热点问题和重大突发公共事件，通过客观而真实的报道，消除群众疑虑，疏导群众情绪，化解矛盾，使热点问题和重大突发公共事件朝有利于公共利益的方向发展，以稳定社会，促进社会和谐。② 在严峻竞争之下，报业集团已经越来越意识到技术的支撑作用，纷纷将技术深度根植于新闻的产制过程中，作为吸引用户注意力的法宝，但是过度追求眼球经济，而淡化其舆论导向作用，这显然是不可取的。

报业转型的智媒化发展策略虽然强调人工智能技术、大数据技术、云技术与媒体之间的联系，但是却不能一味炫技。新闻的本质并未改变，技术是为新闻服务的，在智媒化发展策略下出现的传感器新闻、个性化新闻、沉浸式新闻等都只是一种新型的新闻形式，其支撑依然是有价值的新闻内容。美国东北大学新闻学院教授、资深播客记者迈克·博德特（Mike Beaudet）也曾警告："不要过度使用这种技术，不要因为你可以使用而使用，而是因为你真的需要才使用。"③

二、平衡数据使用与数据对象隐私保护之间的关系

在实施智媒化发展策略的过程中，数据，特别是用户数据，成为新闻生产中的重要元素。当下隐私保护法以个人为中心的思想，使得数据收集者必须告知个人，他们收集了哪些数据、作何用途，也必须在收集工作开始之前征得个人的同意。虽然这不是进行合法数据收集的唯一方式，"告知与许可"已经是世界各地执行隐私政策的共识性基础。④ 但

---

① 李良荣：《艰难的转身：从宣传本位到新闻本位》，《国际新闻界》，2009年第9期。

② 雷健：《传播伦理论纲》，四川科学技术出版社2008年版，第34页。

③ 网易新闻学院：《360度全景视频如此简单！美联社拍摄秘籍曝光》，http：//news. 163. com/16/1010/17/C31JL95K000181KO. html。

④ 维克托·迈尔-舍恩伯格、肯尼思·库克耶著，盛杨燕、周涛译：《大数据时代》，浙江人民出版社2010年版，第220页。

是随着数据集越来越大，在使用数据时获得每个人的知情同意是不可能的，很难保证数据对象的自主原则。① 大数据的价值不再单纯来源于它的基本用途，而更多源于它的二次利用和 N 次利用，这就会出现数据初始采集目的与数据使用目的不相容的问题，即使数据采集时已获得数据对象的知情同意，新闻记者编辑在新闻生产中对数据的循环利用也很难每次都做到"告知与许可"。在"告知与许可"已经失效的大数据时代，新闻传播业还没有采取有效措施，使数据使用与数据对象隐私保护之间达到平衡。随着新闻媒体存储和使用的数据量越来越大，新闻传播业亟待制定数据伦理的专项规范，指导新闻从业者在智媒时代下的新闻实践，促进良性信息生态环境的形成。

三、提高配套基础设施的发展水平

自 2015 年以来李克强总理在多个场合反复强调"提速降费"，近年来我国网络速度也实现了较大幅度增长。根据宽带发展联盟的数据，如图 7-5 所示，2015 年第四季度，我国固定宽带网络下载速率达到 8.34Mbit/s，这是我国宽带下载速率首次突破 8Mbit/s，比 2014 年第四季度的 4.25Mbit/s 提高了接近一倍。② 2016 年第四季度，我国宽带网速平稳提升，固定宽带网络平均下载速率达到 11.90Mbit/s。③ 与此同时，我国通过推动电信企业降低网费、加强对电信市场监管、提高电信企业运营效率、有序开放电信市场等方式，引导电信企业开展定向流量优惠、闲时流量赠送等业务，降低流量资费水平，鼓励电信企业推出流

---

① Fairfield J, Shtein H. Big data, big problems: Emerging issues in the ethics of data science and journalism. *Journal of Mass Media Ethics*, 2014, 29 (1).

② 中国互联网络信息中心：《国家信息化发展评价报告（2016）》，http://www.cnnic.net.cn/hlwfzyj/hlwxzbg/hlwtjbg/201611/t20161118_56109.htm。

③ 宽带发展联盟：《中国宽带速率状况报告（2016 年第四季度）》，http://www.199it.com/archives/562256.html。

量不清零、流量转赠等服务，宽带服务综合性价比得到提升。

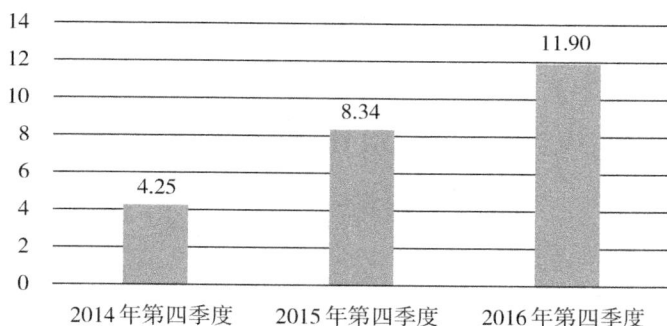

图 7-5 2014—2016 年我国固定宽带网络下载速度（Mbit/s）

然而在短时间内我国固定宽带平均接入速率依然很难突破 30M，而 8K 分辨率的视频至少需要 100M 的带宽要求，4K 分辨率的视频也需要 50M 以上的带宽要求，就连入门级的 4K 体验标准，即 30Hz 帧率、8-bit 色深，接入带宽要求最低也要 30M，否则难以保障观看 VR 新闻、AR 新闻、360 度全景视频新闻。我国信息基础设施建设仍有巨大空间，需要不断落实"提速降费"政策，让用户能够用得起高速网络，为新兴新闻形式的清晰稳定播出提供有力保障。随着整体带宽的提升，我国视频网站可以将码率从现在的 5M 提高到 15M，甚至 20M，处理出来的视频文件就会无限接近原始文件，用户的观看体验也会越好。

第八章　我国报业转型的发展
策略之二：平台化

　　谷虹在《信息平台论——三网融合背景下信息平台的构建、运营、竞争与规制》一书中提到，在数字技术和网络技术普及之前，信息传播模式主要有"一对一"的线性传播模式（图8-1）和"一对多"的星形传播模式（图8-2）。"一对一"的线性传播模式，虽然互动性强，但是局限于有限的传播空间和传播速度，信息的影响力有限；"一对多"的星形传播模式，虽然在传播空间和传播速度上具有优势，但却是单向传播，互动性不强。在数字技术和网络技术的推动下，信息资源向着无限化和碎片化的方向发展，出现了"多对多"的网络传播模式（图8-3）和"多对多"的平台传播模式（图8-4）。"多对多"的网络传播模式具有互动性和去中心化的优势，但是信息传播呈离散状态，难以控制信息的传播方向，使得端点之间的对接效率低；"多对多"的平台传播模式能够实现所有的信息端点都能够与中心端点的双向对接，信息传播是可控、客观和可运营的。

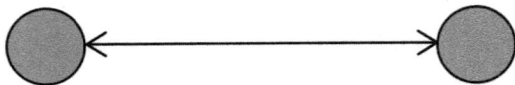

图 8-1　"一对一"的线性传播模式

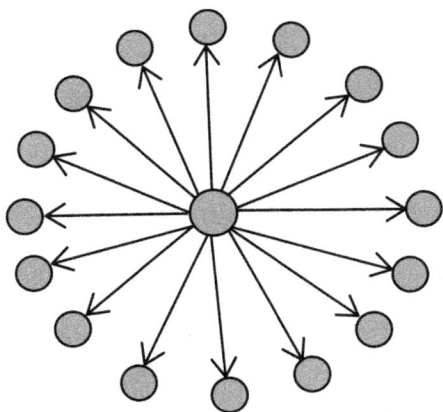

图 8-2　"一对多"的星形传播模式

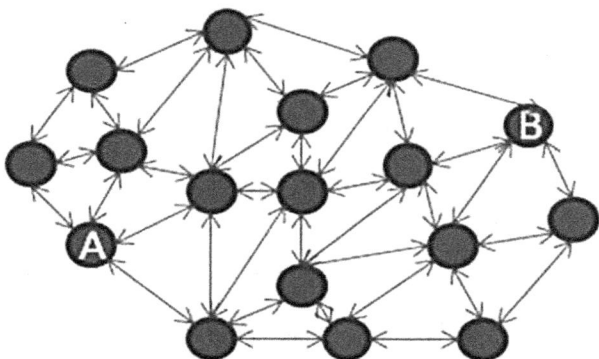

图 8-3　"多对多"的网络传播模式

　　因此，只有平台传播模式才能够实现信息运营的最优化。"平台"最核心的功能是实现双边（或多边）主体之间的互融互通。① 报社或报业集团信息平台的构建就是为了实现用户与用户之间、用户与报业传媒集团之间、第三方企业机构与报业传媒集团之间的互融互通。信息平

――――――――――

　　① 黄升民、谷虹：《数字媒体时代的平台建构与竞争》，《现代传播》，2009年第 5 期。

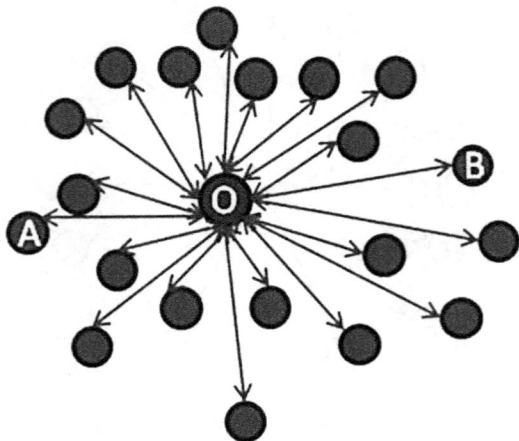

图8-4 "多对多"的平台传播模式

台是"建立在海量端点和通用介质基础上的交互空间，它通过一定的规则和机制促进海量端点之间的协作与交互"。① 信息平台的构建是实现报业传媒集团数字化转型的关键。

我国报业集团最先采取的是一报一网多平台的粗放型平台建设策略，报纸、新闻网站、手机报、"两微一端"等都建有自己的平台，多个平台上的资源不能做到共享，不光造成重复建设，而且也难以将平台做大做强，利润空间压缩。随着媒体融合推进的不断深入，我国报社或报业集团已经开始有意识地将以前多个分散的平台资源进行整合。纵观国内外的平台搭建，主要呈现两种路径，即打造新闻媒体的专业性平台和打造共赢的综合性平台。

① 谷虹：《信息平台的概念、结构及其三大要素》，《中国地质大学学报（社会科学版）》，2012年第3期。

第一节　实现资源整合共享，打造新闻媒体的专业性平台

打造新闻媒体的专业性平台是指报业集团以单一的新闻信息平台搭建为主，专注于新闻信息的生产与传播。而搭建新闻媒体平台的重要方式是实现资源整合的共享。资源的整合主要是通过三种途径，即内部资源整合共享、内部资源向外部开放以及将外部资源导入内部，但无论是哪一种资源整合方式，专业性平台的目的都是做大做强新闻信息基础平台，为用户提供更丰富、更全面、更专业的新闻内容。

一、通过内部资源整合实现共享

内部资源整合共享主要是让报业集团内部不同平台上的资源得以共享，摒弃一种媒体、一个平台、一班人马、一个市场的竖井式扩展模式。这种内部资源整合共享路径的最初实践者可以追溯到 2006 年英国《每日电讯报》的"中央辐射型"办公室。我国报业集团在践行内部资源整合的过程中经历了从浅层融合向深层融合的过程。从 2008 年开始，各报业集团纷纷开始尝试打破媒体之间的壁垒，我国新闻出版总署启动了"全媒体数字采编发布系统工程"，烟台日报传媒集团成立全媒体新闻中心，宁波日报报业集团成立全媒体数字技术平台，解放日报报业集团成立全媒体多通道数字出版系统，浙江日报报业集团成立数字报刊与跨媒体出版系统，传统媒体与数字媒体不再各自为政。2013 年底，南方报业传媒集团审议通过了融合方案，将南方日报的官网"南网"整体合并到"南方网"。2014 年 8 月 18 日，中央全面深化改革领导小组第四次会议审议通过了《关于推动传统媒体和新兴媒体融合发展的指导意见》，之后我国媒体在顶层设计的指引下，媒体融合进程也从相

"加"阶段进入相"融"阶段。其中，人民日报的"中央厨房"就是内部资源整合共享的实践佼佼者。不同于以往简单的"采编发"一体化稿库，"中央厨房"是全流程打通、完整的媒体融合体系。① 在全媒体编辑中心、采访中心和技术中心的支撑下搭建采编联动平台，以总编调度中心为指挥中枢，将分散的内容资源、技术资源、人力资源全部集中，整体统筹指挥调度。在"中央厨房"的运行中，记者编辑可以根据自身的兴趣、能力和报道主题组织跨部门、跨媒体、跨地域、跨专业的新闻工作室。② 人民日报社旗下的多种传播载体，数百个终端媒体可以根据自身媒介特点和用户特点在内容聚集平台上选取原始新闻素材，通过重新组合和深度加工，形成形态各异的内容产品。在总编调度中心的统筹指挥下，形成多层次、多批次的立体传播体系。人民日报的"中央厨房"在近年来的新闻报道中，特别是"两会"报道，多次为用户呈现出了"新闻盛宴"，效果奇佳。

二、通过内部资源向外部开放实现共享

内部资源向外部开放是指让外部的技术商、运营商使用报社内部资源，实现资源利用的最大化。报业能够向外部开放的最宝贵，也是最重要的内部资源就是数据，但是很遗憾的是，由于担心核心资源的开放会进一步削弱自身的竞争力，我国绝大部分的报业集团都会选择将数据加密，形成"信息孤岛"。而英美报纸开放平台的实施能够为我国报业的数据开放带来一些有益启示。

《纽约时报》于 2008 年宣布开放战略，数字内容经过格式标准化处理之后，通过 API（Application Programming Interface），即内容应用

---

① 人民网：《人民日报"中央厨房"有什么不一样》，http：//media. people. com. cn/n1/2017/0223/c40606-29101895. html。

② 李贞：《探秘人民日报"中央厨房"：创新实践 开启媒体传播新时代》，人民日报海外版，2017 年 1 月 23 日。

程序界面，将内容发布出去，供各类开发者使用。开发商将基于信息内容开发出各种个性化和专业化的客户端，从而为用户创造更丰富的内容和更优质的用户体验，从而提高用户订阅量，增加收入。2010 年英国《卫报》正式启动开放平台，《卫报》免费公开 10 年来报纸所有的新闻资料和原始数据，并且还可以用于商用。一方面，技术商、运营商等可以利用公开的内容和数据，针对不同的细分市场，开发出不同的应用软件，满足用户的不同需求；另一方面，用户可以通过网络应用系统，免费使用数据库里的新闻资料和原始数据，但条件是必须同意在加入《卫报》新闻的同时嵌入《卫报》指定的广告或者《卫报》的报纸标志。① 这样一来，《卫报》既可以凭借嵌入广告从广告商那里获取可观的广告收入，也可以增加自身的品牌知名度。

我国报业往往倾向于通过尽可能多的传播渠道，将新闻内容分散到不同的信息终端，通过付费内容和广告来获取收入来源，是一种典型的推式战略。然而，封闭的内容生产方式已经越来越难以满足用户日益多元化的信息需求，而且面临的竞争也越来越激烈。报业的平台建设应该采取拉式战略，将外部的相关资源尽可能多地聚集起来，成为信息平台的服务商。我国报社或报业集团需要明确的是，开放性是互联网的基本特质，原始数据和原始新闻素材的开放并不会削弱自身的竞争力，相反，免费的开放平台可以吸引更多的用户和企业使用新闻信息，提高报纸的知名度。使用新闻信息的频率越高，就越容易提高报纸的品牌知名度。较高的知名度和点击量在吸引广告商的同时，报业集团也拥有较强的议价能力，获取较高的广告收入。此外，英美报纸的做法也警示我们，如何从庞杂的数据和新闻素材中挖掘出有价值的新闻故事，如何通过内容的重新加工和编排讲好新闻故事，如何利用多样化的传播手段表达好新闻故事才是在未来媒体竞争中的核心竞争力之所在，而并非原始

---

① 黎斌、林娜：《从〈卫报〉的开放平台看网络媒体的发展模式》，《新闻爱好者》，2009 年第 11 期。

数据和原始新闻素材的本身。

三、通过将外部资源导入内部实现共享

将外部资源导入报业内部是打造开放平台最为关键的一部分。报业集团要充分利用外部已有资源，补充自身在平台、信息、人力和技术等资源上的不足。首先，在外部平台资源共享方面，目前我国绝大部分主流报纸媒体已开通微博账号和微信公众号，利用已有社交媒体平台开拓传播渠道，不仅节省成本，充分利用社交平台已经拥有的大数量级流量，还可以大大提升时效性和互动性，优化传统媒体的固有形象。但是我国报业集团仅仅导入社交平台是远远不够的，还需拓展视野，加强外部其他流量平台与媒体平台的结合，进一步优化传播内容，丰富传播形态。比如英国的《每日邮报》，该报的网站从 2012 年开始增加视频内容，经过多年的建设，目前视频栏目的观看率仅次于 BBC。然而《每日邮报》却没有自己的视频采访队伍，没有自己的主持人和演播室，完全依靠九位流媒体编辑或视频编辑从 YouTube 和电视上寻找视频来源，再进行视频剪辑，每天在网上投放 100 个视频。这些视频或作为独立的视频新闻进行播放，或作为深度新闻报道的视频补充。其次，在外部信息资源共享方面，报业集团在向信息服务商转型的过程中，除了自身构建内容聚集平台之外，还应联合企业、政府、资讯机构、技术商、互联网专家等，将企业的年报、行业内信息、政府的统计报告、政策法规、资讯机构的调查报告等纳入内容平台，多方努力共同盘活现有内容资源。当然，多方内容的聚集会涉及知识产权、利益分配、合作模式、文化包容、数据格式等多方面问题。再次，在外部人力资源共享方面，在当下，一方面报业从业人员面临"本领恐慌"，另一方面，在技术人才又难以收归麾下的背景下，导入外部人力资源实现共享是一条行之有效的路径。比如美国的《纽约时报》在 2012 年 4 月 6 日在其网站上刊登的题为《音乐与指挥之间的联系》报道中，由于缺乏动作捕捉高速

相机和反光设备，《纽约时报》主动与纽约大学动作研究室寻求跨界合作，由研究人员完成对庞杂动作数据的分析，《纽约时报》负责可视化呈现和文字报道。在研究人员和记者编辑的相互配合下，受众可以更加直观地了解阳春白雪的古典音乐与晦涩难懂的指挥姿势之间的联系。最后，在外部技术资源共享方面，2014 年 8 月 18 日中央全面深化改革领导小组第四次会议审议通过的《关于推动传统媒体和新兴媒体融合发展的指导意见》就明确指出"坚持先进技术为支撑"。对于发展本就陷入困境的报业而言，自己研发"先进技术"基本无望，既没有人才支持，也没有财力支撑，但是与此同时，大数据技术、云技术、AR 技术等的运用又成为推进媒体融合发展的关键环节，在这种情况下，报业集团可以通过战略合作、投资入股等方式快速将外部先进技术导入到新闻生产中，突破现有技术屏障。

第二节　构筑大商业生态系统，打造共赢的综合性平台

不同于专业性平台，新闻信息平台仅是综合性平台的一部分，综合性平台是通过多方平台的建设，实现跨界整合，构筑大商业生态系统，纳入多边群体，讨好尽可能多的用户，扩大市场规模。在大商业生态系统中，各方相互配合互动，达到共赢之目的。构筑大商业生态系统需要考虑平台的选择与功能、平台与平台之间的链接与互动、平台"生物圈"的配套机制等方面。这部分将以英国的《泰晤士报》和我国的浙江日报报业集团为例来阐释综合性平台的搭建。

一、注重平台的功能与链接

平台与平台之间并不是孤立隔离的，报业集团需要具备开放性的意

识，打造平台之间的链接与互动，找到核心用户的流向地，在这些流向平台与报业平台之间建立联系，为核心用户重新流回媒体平台建立桥梁。而各大平台，以及联系它们之间的桥梁和为此而提供的众多服务构成了大平台生物圈。

《泰晤士报》以新闻信息平台为基础，逐步构建包括社交平台、电商平台和金融平台在内的商业生态系统。如图 8-5 所示，媒体平台包括《泰晤士报》的纸质版、新闻网站、平板电脑和手机 APP 客户端，以及由此衍生的历史文件档案（The Times Archive Collection）、字谜游戏（Times Crossword Club）等，主要负责新闻信息的传播，以提升报纸的影响力和舆论力；社交平台包括 Times +、婚恋网站（Encounters Dating）等，目的是聚集更多年轻用户的注意力，提升报纸在年轻用户中的影响力，同时为媒体平台和金融平台提供用户流量；电商平台包括

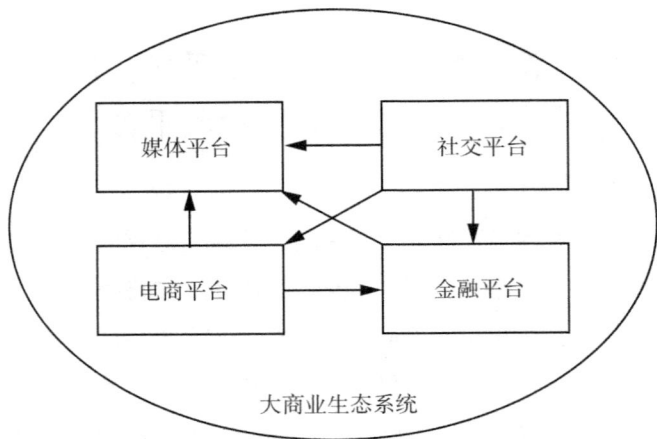

图 8-5 《泰晤士报》大商业生态系统中各平台间的链接示意图

精选礼品（The Handpicked Collection）、书刊（Times Books）、画廊（The Times Print Gallery）、星期日泰晤士报红酒俱乐部（The Sunday Times Wine Club）、泰晤士报威士忌俱乐部（The Times Whisky Club）等，目的在于开辟收入来源，提升报纸的经济实力，同时与媒体链接，

为媒体平台提供用户流；金融平台包括换汇服务（Times Currency Service）等，将报业与金融产业融合，不仅可以提升自身的经济实力，而且还可以为报纸的财经版块提供新闻信息。《泰晤士报》已经建立起集"媒体+社交+电商+金融"于一体的大商业生态系统，建立起用户服务平台，尝试走一条复合转型之路。

浙江日报报业集团也已经建立起了集"媒体+孵化+游戏+投资"于一体的大商业生态系统，浙江日报、钱江报系、浙江老年报以及微博、微信公众号、APP 客户端等构成的媒体平台很难实现盈利，但是却可以提高整个集团的影响力和品牌价值，或者为提高其他平台的影响力服务。传媒梦工场属于孵化平台，集创业、研究、投资于一体，既可以提升浙江日报报业集团的影响力，也可以用孵化成果反哺浙报集团，还可以投资获利。2013 年浙江日报报业集团通过收购边锋和浩方开始打造游戏平台，主要负责提升集团的盈利能力和数据库的建设，并且为媒体平台导入年轻用户。作为投资平台的东方星空文化基金是浙江省第一家文化产业投资基金，开创了国内以传媒集团牵头组建产业投资基金的先河，基金规模超过 5 亿元人民币。如图 8-6 所示，浙江日报报业集团的综合性平台建设已初见成效。

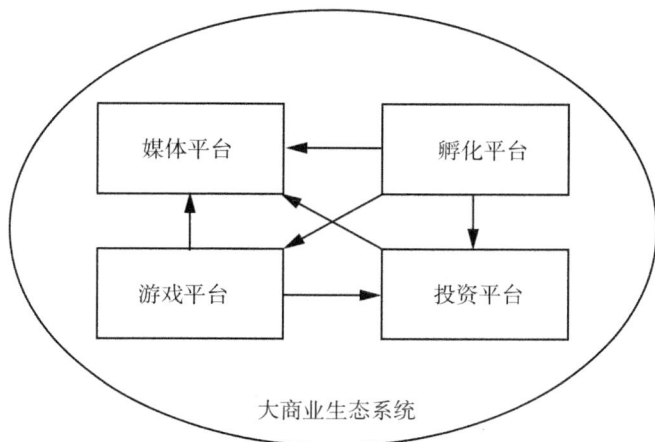

图 8-6 浙江日报报业集团大商业生态系统中各平台间的链接示意图

对于综合性平台，平台功能的分化显得尤为重要。平台功能的分化并不意味着每个平台都肩负经济指标，有些影响力平台虽不能直接盈利，但对报业品牌的塑造和其他平台的推进都是极为重要的资源和要素。平台之间需要相互配合，形成合力，实现整个集团的盈利，保证整个集团生物圈的良性循环。

二、完善平台"生物圈"的配套机制

优秀的平台一定是配套机制完善的平台。而我国的报业集团虽然搭建了多方交流平台，但是在配套机制上还有欠缺，单一平台在发展中显得孤立无援，发展后劲明显不足。平台与用户之间的关系呈现松散状态，缺乏增加用户粘性的配套机制。打造平台"生态圈"，增强用户粘性，需要从以下三个方面来完善配套机制。

第一，要建立多样化的激励机制。单一的激励机制已经不能满足所有用户的需求，为此要了解用户都喜欢什么，提供多样化的激励方式供用户选择。对于报业而言，要实现用户从其他平台向媒体平台的回流，仅仅依靠订阅价格优惠这样的激励机制是远远不够的，应该深入分析用户需求，有针对性地设计多种方案。《泰晤士报》的 Times＋的运营规则是只有注册成为《泰晤士报》和《星期日泰晤士报》的订阅用户，才能成为 Times＋的会员。Times＋的会员可以享受私人博物馆之旅、半价看电影、赢取环球旅行、参加当红偶像见面会、潮牌购物优惠券等活动，而且活动每周更新。如此一来，很多年轻人为了免费或低价参加各种活动而订阅《泰晤士报》和《星期日泰晤士报》，成为 Times＋的会员。Times＋的运营成为增加《泰晤士报》和《星期日泰晤士报》数字用户订阅量的法宝，而各大商家、机构和明星又可以通过《泰晤士报》的平台提高自身的知名度和影响力，实现共赢。

第二，要具有趣味性和易操作性。现在的用户不喜欢一成不变，而是喜欢求新求变。然而，这种求新求变又是建立在易操作性基础之上的。在报业媒体融合的过程中，新闻网站、手机报、"两微一端"与用户的互动单一枯燥，大部分用户只能将信息内容分享至微博、微信、QQ 空间，而不能进一步参与到内容建设中来，有些媒体即使已经搭建UGC 平台，但是用户的参与性依然不高。我国报社或报业集团应尽快完成"去庙堂而存江湖"的转变，注重游戏文化在新闻传播中的作用，能够从人类与生俱来的游戏基因中发掘内容生产机制的灵感和动力源泉，以美妙的体验和惬意的互动让更多的用户卷入到全民参与的内容生产机制中，共同完成内容的生成和传播，并在全情投入的状态下完成内容和服务的分享与反馈。① 平台的设计要具备易操作性，用户能够快速简单地发布文字、图片、音频、视频，而这是需要技术作为支撑的。

第三，建立平台协同模式。在构建商业生态系统的过程中，必须引入平台协同模式，在多方力量的共同努力下才能建立平衡、多元、健康的平台生物圈，实现共赢目的。报业集团需要积极与数据挖掘商、技术提供商、软件开发商、内容提供商、服务提供商等形成协同模式。建立平台协同模式有利于报业提升自身的反应能力和行动速度。《泰晤士报》的 Times+ 与众多商家、机构合作，提供优惠折扣和活动信息；换汇服务与英国著名的外汇公司 World First 合作，为用户提供专业安全的国际支付和换汇服务；婚恋网站与约会实验室和 Facebook、Twitter 合作，前者提供技术支持，确保网站的设计和运营能够满足用户需求，后者提供更好的社交平台，吸引用户，扩大市场份额。在整个商业生态系统中，各平台相互配合，平台上的各方实现协同效应，增强平台的吸引力和竞争壁垒，最终形成共赢的平台生物圈。

实施平台化发展策略的两条路径，各有利弊。打造专业性平台，用户的需求意向较为明确，报社或报业集团在提供新闻信息产品和服务方面有着丰富的经验，在内外部资源整合中容易占据主导地位，但仅仅提

---

① 喻国明、景琦：《传播游戏理论：智能化媒体时代的主导性实践范式》，https：//mp. weixin. qq. com/s/xImIaYgfc6t62SMteYPQ0A。

供新闻信息产品和服务，市场规模有限；打造综合性平台，建设包括新闻媒体平台在内的多个平台，需要更大投入，我国报社或报业集团也缺乏经验，但可以吸引更多的用户，扩大市场规模，拓展收入来源，提升自身的影响力。若想将平台战略发挥到极致，最重要的是打造一个多方共赢的生态环境，并在平衡中成长。无论是一个依循基本的双边、三边模式的平台企业，还是一个已连接了无数边群体的平台帝国，都应妥善经营所有参与者共同联系起来的网状关系，满足所有使用者的需求，共同成长获利，并且有效维持生态圈的利益平衡，并在平衡中携手前进。①

第三节　实施平台化发展策略中的重难点

一、重组报业基因，树立开放意识

基因重组强调的是传统报纸基因与互联网基因的重新组合。从文化上看，传统报纸的基因是"庙堂式"的，而互联网的基因是"江湖式"的。②"庙堂式"基因，既具有居高临下的中心性、高门槛的封闭性，又具有突出权威性的"不容错"，用相对统一的社会价值体系整合社会各个阶层的统合性。"江湖式"基因既具有任何人都可以投身其中的开放性、去中心化的分权性，又具有内容分享的、包容因参与主体的多元而带来信息传播质量参差不齐的容错性，以及没有架子可端的表达上的戏谑性。我国报业需要通过改造"庙堂式"的传统基因，做到去"庙堂"而存"江湖"。

---

① 陈威如、余卓轩：《平台战略》，中信出版社 2013 年版，第 263~264 页。
② 彭兰：《再论新媒体基因》，《新闻与写作》，2014 年第 2 期。

我国报社或报业集团无论是建立专业性平台还是综合性平台，只有具备开放性的意识，才能将自身资源与大商业生态系统中的各方资源共享，实现共赢。报业不再是简单地将新闻信息通过数字平台传播，读者通过手机、电脑、iPad 等终端对新闻信息进行转发、评论，实现互动，而是要从用户出发，找到核心用户的流向地，在这些用户聚集平台与报业平台之间建立联系，为核心用户重新流回报业建立桥梁。而各大平台，以及联系它们之间的桥梁和为此而提供的众多服务构成了大平台生物圈。当前我国报业有不计其数的"两微一端"和新闻网站，但这并不意味着影响力和舆论力的扩大。在当下百度、阿里、腾讯等互联网企业持续扩张之时，与之正面抗争、碰撞是不可取的，而是应该将其纳入到自身的大商业生态系统中去，针对各平台特点和用户特征，通过对内容的深度加工和重新组合，生产出形态各异的新闻产品，充分利用好已经聚合大量用户的现有平台，实现与用户的互动，提高用户粘性，真正实现影响力和舆论力的提升，逐步从封闭到开放，从独占到共享，从绝对权威到对等协作，从高高在上到融入大众，实现报业基因的重组，这是构建大商业生态系统的前提，也是实现报业转型的关键。

二、分化平台功能，构筑平台生物圈

专业性平台的功能较为单一，以新闻信息的传播和交流为主，以优质的内容吸引用户的注意力，以提升其影响力和舆论力。但是，单一的舆论平台带来的影响力是有限的。专业性平台也需要打造以新闻信息为基础平台的生物圈。比如《卫报》在新闻网站的基础上，又打造了一款名为 Guardian Witness 的 APP 客户端。这是一个纯粹的 UGC 平台，用户上传文字、视频和图片记录自己身边发生的新闻和自己生活的点滴，而《卫报》的记者编辑会选取用户自制的优质内容上传至《卫报》新闻网站，或刊登在纸质《卫报》或《观察者》上，或视频上传至YouTube，这不仅可以丰富新闻内容，还可以鼓励用户参与新闻内容生产，引导用户回流。纸质报纸、APP 客户端、新闻网站和 Guardian Witness 相互配合，既拥有媒体的专业编辑权威，又拥有面向用户的平台所特有的开放性数字内容实体，共同提升《卫报》的影响力和舆论力。

对于综合性平台，平台功能的分化显得尤为重要。《泰晤士报》已经建立起集"媒体+社交+电商+金融"于一体的大商业生态系统，媒体平台主要负责新闻信息的传播和交流，社交平台主要负责聚集人气，引导用户回流，电商平台主要负责拓展收入来源，金融平台主要负责拓展经营范围和数据库的建设。在大商业生态系统中，平台各司其职，又相互配合。我国的浙江日报报业集团已经建立起了集"媒体+孵化+游戏+投资"于一体的大商业生态系统，综合性平台建设已初见成效。

第九章　我国报业转型的发展策略之三：资本化

　　随着报纸产业的逐步发展，国际强势传媒集团的入驻，报社或报业集团"自给自足"的方式已经行不通了，必须通过资本化为报社或报业集团的媒体融合提供强有力的资金保障，这也是报社或报业集团发展到媒体融合一定阶段的必然选择。资本化就是"将媒体所拥有的可经营性资产，包括与新闻业有关的广告、发行、印刷、信息、出版等产业，也包括媒体所经营的其他产业部分，视为可以经营的价值资本，通过价值成本的流动、兼并、重组、参股、控股、交易、转让、租赁等途径进行运作，优化媒介资源配置，扩张媒介资本规模，进行有效经营，以实现最大限度增值目标的一种经营管理方式"。① 2009 年 4 月，新闻出版总署印发了《关于进一步推进新闻出版体制改革的指导意见》，提出推动跨媒体、跨地区、跨行业、跨所有制的战略重组，开拓融资渠道，培育一批大型骨干出版传媒企业，打造新型市场主体和战略投资者。2009 年 9 月颁布的《文化产业振兴规划》中关于降低准入门槛、加大政府投入、落实税收政策和加大金融支持的规定，为我国报业的资本运作提供了广阔的空间。2012 年 2 月，新闻出版总署下发《关于加快出版传媒集团改革发展的指导意见》的文件，指出支持出版传媒集团兼并重组，支持出版传媒集团之间进行战略性合作，支持出版传媒集

---

① 谢耕耘：《中国传媒资本运营若干问题研究》，《新闻界》，2006 年第 3 期。

团通过异地设立分支机构、连锁经营，与同类企业进行产品、项目和资本合作等方式，实现跨地区经营。这些为报业的资本化运作提供了强大的政策支持。另外，IPO 重启、创业板推出以及报业自身发展状况都为报业的资本化运作提供了强大的推动力。

第一节　打造投资平台，向文化产业的战略投资者转型

报纸产业由单一的内容提供商向文化产业的战略投资者转型，有利于实现对优势传媒资源和通路资源的掌控。而在向文化产业战略投资者转型的过程中，报社或报业集团需要打造专业的投资平台以及选择合适的投资项目。

一、打造专业的投资平台

专业的投资平台负责研究新媒体的运行规律、收购价格和投资回报率。报社或报业集团可以通过成立文化基金和借助投资公司这两种方式打造投资平台。搭建文化基金投资平台可以使报业集团以普通合伙人的身份参与到外部优质项目的投资，突破体制机制的瓶颈，积极撬动社会资本，有效扩大投资规模，获取利润分红。比如浙江日报报业集团以东方星空文化基金作为投资平台，浙江日报报业集团控股 44%，中国烟草总公司浙江省公司控股 36%，浙江省财务开发公司控股 20%，首期规模达到 2.5 亿，由浙江新干线传媒投资有限公司进行封闭式管理，同时聘请社会专业机构作为运行顾问和资金监管人。投资业务涉及数字电视、影视、旅游、数字媒体营销、动漫游戏、数据库等多个方面。根据浙报传媒的年度财报显示，2016 年东方星空旗下投资管理平台以 3 亿元的投资资金撬动了总计超过 22 亿元的资本参与，杠杆效应显著，效

益明显提升。截至 2016 年 12 月，东方星空累计实现对外投资 10.7 亿元，2016 年内已有唐人影视、东方嘉禾等三个投资项目在新三板挂牌。① 除浙江日报报业集团的东方星空文化基金之外，我国其他几家主要报业集团也开始尝试通过搭建投资基金平台实现资本化的做法。比如，2014 年 8 月，上海报业集团、元禾母基金和华映资本共同成立八二五新媒体产业基金，基金规模达到 12 亿元，主要投资移动互联网时代新媒体内容生产、消费转型和技术支撑环节的潜力型和成长型项目；2016 年 3 月，南方报业传媒集团有限公司、广东羊城报业传媒集团有限公司、广东南方广播影视传媒集团有限公司、广东省出版集团有限公司等省直 4 家传媒出版企业和海通创意资本管理有限公司、中赛信合（北京）投资管理有限公司等金融机构共同发起设立广东南方媒体融合发展投资基金，总规模 100 亿元，首期规模为 10.6 亿元，以新媒体为主要投资方向；② 2016 年 4 月，湖南日报报业集团与杭州大头投资管理有限公司共同设立文化产业发展基金，主要投资广播、影视和音乐的内容生产和发行、文化传媒融合发展及创新、互联网传授及应用工具、文化创意、文化休闲生活、文化领域新产品新技术开发、生态旅游项目等。③

设立投资公司是报社或报业集团打造投资平台的另一种方式。与投资基金不同，投资公司通常是报业集团的控股子公司或全资子公司，专门负责报社或报业集团的对外投资业务，在投资项目选择和资金使用上拥有更大的自主权，但是投资公司的规模往往不及投资基金，为了扩大投资规模，报业集团旗下的投资公司会根据不同投资项目，选择不同的

① 浙报传媒：《2016 年报净利润 6.12 亿 同比增长 0.38%》，http：//stock. 10jqka. com. cn/20170316/c596892457. shtml。

② 《广东首支媒体融合投资基金揭牌》，http：//www. nfmedia. com/cmzj/ cmyj/xjh/201603/t20160328_368847. htm。

③ 《湖南日报社携手吴晓波共建文化产业发展基金》，http：//hunan. voc. cn/article/201603/20160331145407282600l. html。

合作伙伴。2008 年 7 月，华闻传媒出资 4.96 亿元成立上海鸿立投资有限公司，华闻传媒占 99.20% 的股权，投资业务涉及互联网信息咨询、物联网、网络游戏、通信设备、药业等多个方面。2016 年 11 月，重庆报业投资有限公司成立，重庆日报报业集团的注册资金为 1.5 亿元，并与重庆文化创意股权投资基金管理有限公司签署战略合作协议，以文化创意类、企业服务类、战略新兴产业项目为主要投资方向。

二、选择多层次成长阶段的投资项目

现阶段，国内外报业投资互联网增值业务的趋势已经十分明显，成为投资的主流方向，无论是新闻集团投资 Myspace、Skiff、Storyful，还是浙江日报报业集团投资边锋和浩方，报社或报业集团投资新媒体已经成为助推报业转型的一条重要路径。投资平台所投资的公司或项目，依据其所处的不同阶段，可以分为种子时期、创建时期、扩展时期、发展时期、杠杆式买入时期和上市时期。种子时期是指仅有产品构想而没有产品原型；创建时期是指已完成产品的原型和经营计划，但是产品尚未上市；扩展时期是指产品或服务已成功上市，但是尚未达到盈亏平衡点；发展时期是指企业或项目已经越过盈亏平衡点，急需追加投资；杠杆式买入时期是指企业的管理者借助于创业基金买下该企业；上市时期是指企业的经营规模和财务状况已达到上市要求，并计划安排上市。一般而言，早期的发展阶段投资者面临的风险较大，收益也较大，到发展的后期阶段，风险较小，收益也较小。一般情况下，投资者会依据自身的能力和经验、投资策略和分散风险，对不同发展阶段的公司和项目给予不同数量的投资。浙江日报报业集团在实施资本化过程中，通过投资处于不同阶段的企业和项目，取得的经济效益也是有目共睹的。2011 年 10 月成立的传媒梦工场主要投资处于种子时期的公司和项目，通过打通创投业、互联网业、传媒业，为致力于新媒体发展的年轻人提供全方位的创业平台。传媒梦工场已经完成了对李开复的创新工厂、李岷的虎嗅网、于霄的知微、陈昊芝的点触科技等十几个项目的投资，这些新型媒体内容与应用孵化基地为集团的媒体融合推进提供了源源不断的动力。近年来，东方星空文化基金集中投资处于发展时期的公司和项目，比如作为技术先导型科技企业的北京千分点信息科技有限公司，在大数据背景下为 B2C 电子商务网站提供个性化技术和个性化应用服务，东方星空文化基金投资 3000 万元，占比 8.08%，涉足数据挖掘领域，搭建网络搜索引擎平台。浙报传媒投资 32 亿元收购盛大旗下边锋和浩方100% 的股权，则是属于投资处于杠杆式买入时期的公司，一方面涉足网络游戏领域，进而向电子竞技、文化娱乐等服务延伸，另一方面边锋和浩方的 2000 多万活跃用户有利于浙江日报报业集团打造用户集聚平台，成为浙报的全媒体战略的主战场。可以看出，浙江日报报业集团对投资项目的选择是环环相扣的，每一个项目都是基于全媒体战略基础之上的，用北京千分点信息科技有限公司的数据挖掘技术，深度分析用户集聚平台，借此探索用户需求，致力于"新闻+娱乐+社区化"的全媒体平台建设，从单一报业集团向互联网枢纽型传媒集团转型。近年来，浙江日报报业集团的营业收入和净利润呈现出逐年增长的态势，这与报业集团向文化产业战略投资者转型的路径选择是密不可分的。

三、选择投资与自身文化基因相契合的项目

传统报业与网络新媒体在文化基因上存在很大不同。网络媒体注重时效和双向沟通，架构扁平，与用户互动性强。传统媒体注重内容经营，策划经验丰富，但是组织构架庞大，员工多，与用户之间呈松散状态。新媒体与传统媒体的整合通常会引起两个企业长期形成的企业文化之间的冲突。企业并购的成功与否不仅在于有形资产的整合，更重要的是企业文化等无形资产的整合。报业集团作为战略投资者向新媒体投资时，很有可能因为文化上的差异而阻碍了资本化的发展。21 世纪初期，美国在线和时代华纳在企业文化上的格格不入就是导致世纪合并失败的

重要因素。作为新媒体的美国在线，其文化基因是开放、雄心勃勃，其员工倾向于以自我为中心，而作为传统媒体的时代华纳，其文化基因则是保守稳妥、循序渐进，其员工倾向于有组织性的管理运营方式，文化基因的南辕北辙导致两家企业在合并之后，无论是在运作方式上，还是在人事管理上，都出现了巨大矛盾，预期的协同效应不仅没有显现，反而拖累了各自业务的发展，最终导致世纪合并的失败。这也警醒报业集团，在选择投资项目，特别是新媒体投资项目时，要谨慎选择，切勿忽视文化差异而盲目投资。

我国浙江日报报业集团也是从失败中不断总结经验，认识到企业文化基因的契合是成功进行资本化的关键要素。2009 年 9 月，浙江日报报业集团与淘宝网共同投资 5000 万元成立合资公司，浙江日报报业集团将其旗下的《城市假日》改名为《淘宝天下》。《淘宝天下》的内容将源于网民并由网民参与采集，试图打造国内生活时尚类周刊的第一品牌。浙江日报报业集团负责内容，淘宝负责运营，实现了电子网络与传统报业的一次全新概念的融合。然而，在实际操作中，浙江日报报业集团发现两种媒介的文化基因相冲突，无论是形式、内容、定位，还是价值诉求、行为方式，双方都有激烈的碰撞。2013 年之后，浙江日报报业集团在建立用户聚集平台时，就十分注重选择投资对象。之所以会选择边锋和浩方，也是因为看重盛大的基因。浙江日报报业集团负责人高海浩就曾表示："盛大是网络文学和网络游戏的开拓者，搭建了网络文化的服务平台。他们曾经提出过要打造'互联网的迪斯尼'。而我们是一个传媒文化机构，在互联网公司中，盛大应该与我们的气质最接近。"① 因此，无论是作为文化产业的战略投资者，还是引进战略投资者，都要尽量避免企业文化隔阂所带来的不良后果。

---

① 《32 亿重金收购边锋，浙报是要做什么?》，http：//www.huxiu.com/article/9872/1.html。

第二节 通过上市引进战略投资者

自 20 世纪 90 年代以来，我国报业集团或报社就开始尝试通过资本市场募集资金，一方面可以做大做强，为传统报业带来新一轮的发展机遇，另一方面也有助于建立现代企业制度，规范公司治理。目前，我国共有 8 家报业集团上市，包括北青传媒（01000. HK）、赛迪传媒（000504. SZ）、浙报传媒（600633. SH）、瑞博传播（600880. SH）、新华传媒（600825. SH）、华闻传媒（000793. SZ）、粤传媒（002181. SZ）、华媒控股（000607. SZ），主要采取借壳上市和直接上市两种方式。

一、通过借壳实现快速上市

借壳上市是指报业集团通过收购上市公司的股票来获得该上市公司的控制权，再将自己的业务和资产注入，实现间接上市的目的。我国很多报业集团通过借壳的方式上市，一方面是因为核心的采编业务被剥离，拟上市的资产关联交易比例较高，很难通过证监会的审核，另一方面是这种方式手续简单，可操作性强，能够在较短的时间内实现上市。比如，2000 年《成都商报》借壳四川电器上市，2001 年赛迪传媒借壳 ST 港澳上市，2011 年浙报传媒借壳＊ST 白猫上市，2015 年《解放日报》借壳华联超市上市，等等。但是，壳资源的负债问题、如何处理壳资源的资产和人员、如何处理不同企业之间的经营活动都是报业集团所要面临的问题，而这些问题的解决离不开行政部门的支持，比如解放日报报业集团在借壳上市的过程中，上海市委宣传部将属下企业所持新华发行集团股份划转解放日报报业集团，大大加速了上市进程。①

---

① 向长富：《报业 IPO 上市与借壳上市利弊分析》，《新闻战线》，2008 年第8 期。

二、通过直接上市减少制约因素

直接上市是指报业集团通过重新组合，成立具有独立法人资格的股份有限公司，符合条件之后再申请成为上市公司。我国报业集团的直接上市之路经历了从海外上市到国内上市，从部分上市到整体上市，从主板上市到新三板上市的过程。

2001 年，《北京青年报》在筹划上市之时，我国报社多半是通过借壳的方式实现上市，报社在中国上市还是非常敏感的问题，难度非常大，于是，该报剥离了报社的经营部分，将广告、发行、印刷等非采编业务组成北青传媒股份公司，2004 年在香港 H 股成功上市，成为内地传媒企业海外上市的第一股。从成立股份有限公司到最终上市，经历的时间较长，手续较复杂，但是一旦上市成功，受到的制约因素也较少。后来，随着报业自身的转型以及政策的松动，我国更多的报业集团是在国内主板上市。由于行业的特殊性，早期报纸整体上市的难度较大，与北青传媒一样，我国报业集团或报社，比如《广州日报》，都是将核心的采编业务剥离出来，仅仅将广告、发行、印刷等经营业务上市，然而，这种采编分离的方式，一方面难以对投资者产生足够的吸引力，另一方面也影响到上市公司建立透明、公开的现代企业制度，最终不利于报业上市公司的长远发展。① 一直到 2011 年 9 月，浙报传媒在政策的支持下和"传媒控制资本，资本壮大传媒"的理念指导下，才实现全国第一家媒体经营性资产整体上市。从 2015 年开始，部分纸媒机构借助自身数字化转型产品或数字化转型机构进行资本化操作，冲击新三板，成为一股热潮。比如，2015 年 6 月，辽宁报业传媒集团旗下新媒体公司辽宁北国传媒网络科技股份有限公司在新三板正式挂牌；2015

---

① 曾凡斌：《报业上市公司的关联交易和整体上市》，《编辑之友》，2008 年第 2 期。

年7月，由整合大众报业集团新媒体版块组建而成的山东省互联网传媒集团成立并在新三板挂牌；同月，江西日报传媒集团所属的"大江传媒"获批正式登陆新三板，成为"江西互联网第一股"；2015年10月，由天津广播电视台、《今晚报》、《天津日报》共同投入资金组建的天津北方网新媒体集团正式登陆新三板。与此同时，郑州、合肥等城市由纸媒机构投建的新闻网站也积极筹划挂牌新三板。报业集团或报社之所以越来越多地争相登陆新三板，一来是因为新三板主要针对中小微型企业，在报业发展不尽如人意的背景之下，对报业集团或报社的资金要求不高，二来是证监会全面支持新三板市场的发展，从申请到成功实现上市的周期大大缩短。

在媒体融合背景之下，报社或报业集团要想实现上市融资，首先要进行股份制改制，成立股份有限公司。以人民网为例，2010年，人民网发展有限公司通过整体股份制改造，成立人民网股份有限公司。股东除了人民日报社外，还包括环球时报社、中银投资资产管理有限公司、北京北广传媒投资发展中心、英大传媒投资集团有限公司、中国移动通信集团公司、中国联合网络通信集团有限公司、中国工商银行诺安股票证券投资基金、金石投资有限公司等，注册资金达到2亿多元，国有法人的股本性质占到68.07%。通过上市，报业可以引进多个战略投资者，还可以从证券市场吸纳资金，支持报业转型的进一步发展。

第三节　开展深度战略合作，共同投资，优势互补

报业集团可和其他企业开展深度战略合作，以此来引进战略投资者，在共同利益的基础之上，实现双方的优势互补，获得协同效应。

一、与 BAT 企业开展深度合作

报社或报业集团有着内容方面的优势，BAT（百度、阿里、腾讯）企业有着技术、资本、用户流量方面的优势，两者可以通过深度合作，共同投资，实现优势互补。2011 年，百度与河南日报报业集团联合打造河南高端生活第一网"河南—百度"，百度提供海量流量与强大技术，河南日报报业集团提供强势媒体、客户和本地市场资源，为河南网民提供全方位的生活消费类信息服务。2013 年，百度携手上海报业集团，共同运营百度新闻"上海频道"，双方开展的战略合作涉及上海本地新闻搜索引擎、媒体资源购买、云服务器资源提供、舆情报告、手机阅读服务、人才合作、战略资源购买等七个方面。① 2016 年，人民日报社与百度达成战略合作，将在内容传播、技术支持、社会公益等方面实现一系列深度合作，携手开创"互联网+媒体"的新范式，共同推进传统主流媒体与新兴媒体的融合发展。② 2015 年，阿里巴巴加速与报业集团或报社展开合作，5 月，阿里巴巴与北京青年报社签署战略合作备忘录，双方在物流、O2O 等方面展开战略合作；6 月，阿里出资 12 亿元参股第一财经传媒有限公司；9 月，阿里联手财讯传媒集团、新疆网信办打造无界新闻客户端；10 月，阿里与四川日报报业集团成立"封面传媒"，携手打造"个性化定制"的新型主流媒体；12 月，阿里宣布收购《南华早报》，包括《南华早报》纸质版和网络版、杂志和户外媒体等全部业务。截止到 2016 年，我国有 13 家报业集团与腾讯共同出资分别成立科技有限公司，负责运营"大渝网"、"大成网"、"大秦网"、"大闽网"、"大楚网"、"大粤网"、"大豫网"、"大申网"、"大湘网"、"大浙网"、"大辽网"、"大苏网"和"大燕网"。从 2015 年互

---

① 《上海报业集团与百度签署战略合作协议》，http：//news. 163. com/13/1028/13/9C9CNR8J00014AEE. html。

② 《百度与人民日报社战略合作 共推媒体融合创新发展》，http：//www. techweb. com. cn/news/2016-06-20/2349066. shtml。

联网企业与报业的战略合作可以看出一种"倒融合"的趋势，即互联网企业主动发力与传统报业进行战略合作，推进媒体融合。"倒融合"可以使报社或报业集团充分利用互联网企业的资金资源、用户资源和渠道资源，实现优势互补、风险分摊，有利于加快媒体融合的发展进程。

二、与本地企业开展深度合作

2013 年，长江日报报业集团与卓尔传媒集团签署协议，共同成立长江新媒体有限公司。长江新媒体有限公司负责经营报业集团旗下的汉网和《投资时报》，目标是将汉网打造成为面向世界华人的移动化、多媒体化和个性化的资讯门户，将《投资时报》打造成为具有全国乃至全球影响力的中国投融资信息服务商。这种战略合作方式的粘性更强，文化基因更加契合，沟通更加快捷，一方面充分利用了报业集团的内容资源和品牌资源，另一方面也充分利用了当地集团雄厚的经济实力和先进的技术支持，为报业转型保驾护航。

我国报业在资本化运营过程中投资方式要尽可能多元化，避免单一投资方式，注重无形资产的投资，包括品牌资源、刊号资源、公信力、团队创新力等。在完成筹资后，要注重资本的投资利用。资金或投入核心业务的改造升级，或投入网络游戏、文化产业、金融服务、投资基金等多元产业，培养新业态。资本化运营为报业应对新媒体挑战、拓展价值链提供了契机，是报业转型的一种很好的尝试，但报业资本运营存在的风险也同样值得报业集团的重视。

第四节　实施资本化发展策略中的重难点

一、建立现代企业制度，引入多元化的战略投资者

从已经实现上市的报业集团股权结构来看，大部分依然是国有股份

占绝对主导地位。这种国有产权独大的产权结构在实际操作中存在很多弊端。首先是融资、投资渠道狭窄，只能从业内融资，或从银行贷款。在市场竞争日益激烈的条件下，这种狭窄的融资渠道已经不能满足报业发展的需要。其次是单一的产权结构模式使权力过于集中在少数人手中，缺少制衡机制，企业管理的人格化倾向加剧。在这样的企业中，决策的制定往往不是根据对相关市场信息的收集、分析、整理和科学的分析决策，而是根据当权者个人的意见。这种人格化倾向，使企业对内无法建立科学的生产流程和管理模式，对外无法对市场做出灵敏的反应。再者是报业的产权结构单一，必然导致其"声音"过分的一致性，这对整个社会的发展是不利的。①

为了避免这些问题，报业集团应首先实施股份制改造，理顺产权关系，建立现代企业制度，成为真正的市场主体，以吸引更加多元化的战略投资者。对于党报集团，要从产权关系上明确党报集团唯一股东地位，对于以时政、经济类新闻为主要内容的报业，可采取国有控股方式，引入一定比例的业外资本，有限度地进行资本运营。对于以体育、娱乐和信息服务为主要内容的报业，可采取国有参股的方式，引入民营资本和国际资本，按照资本市场规则，实现完全商业化运作。报业集团可依据不同产权性质进行不同程度的资本运营，实现股权多元化，扩大融资范围，盘活资本市场。这也有利于政企分开，建立产权清晰的现代企业制度，引入灵活的经营机制和管理机制。

二、鼓励报业整体上市，拓展资本运营空间

报社或报业集团要想引进更多的战略投资者，还应尽快实现整体上市。目前，剥离核心资产采编业务的做法，不仅会使上市报业难以吸引广大投资者的资金，而且还会与母体报业发生大量的、复杂的关联交

---

① 罗以澄、吕尚彬：《中国社会转型下的传媒环境与传媒发展》，武汉大学出版社 2010 年版，第 210 页。

易，降低上市报业的独立性。早在 2007 年，国家新闻出版总署署长柳斌杰就曾表示允许任何一家新闻出版传媒的整体上市，而不是局限于过去将报纸的采编业务与广告等商业经营剥离开来的做法。2012 年，新闻出版总署发布的《关于加快出版传媒集团改革发展的指导意见》更是明确指出，鼓励出版传媒集团实现跨地区、跨行业发展，支持出版传媒集团实现主营业务整体上市。对于那些有条件的报业集团应尽快进行股份制改造，将经营和采编业务整体上市提上议事日程，只有将核心业务上市，才能吸引广大投资者的资金，拓展资本运营空间。报业集团需要灵活运用金融工具，使其既能实现整体上市，又不悖于国家对媒体采编内容意识形态的控制。西方报业集团的做法值得我们好好借鉴，比如英国的"黄金股"制度，即政府在上市报业中仅占一股，但这一股却属于"黄金股"，在重大问题上拥有一票否决权。还有美国的"AB 股"制度，A 股是无投票权股，B 股是有投票权股，可以让报业集团或政府享有 B 股的优先购买权，保持对采编业务的绝对控制。此外，还有新加坡的管理股和普通股制度，两种股票具有相同的经济权力，在公司其他问题的表决中两者的权力也相同，但在对公司人事变动问题进行表决时，每只管理股的股票相当于 200 股普通股，管理股不在股票市场上流通。①

三、培养报业企业家精神，增强市场竞争力

近年来，随着非时政类报刊转企改制的逐步完成，大部分报业集团或报社纷纷从过去的事业单位转为企业。从企业制度层面看，非时政类报刊要改造为报刊产业的有限责任公司或股份有限公司，建立"产权清晰、权责明确、政企分开、管理科学"的现代企业制度，构建包括股

---

① 曾凡斌：《报业上市公司的关联交易和整体上市》，《编辑之友》，2008 年第 2 期。

东会、董事会、监事会和经理层在内的公司法人治理结构，使之成为自主经营、自负盈亏的合格市场主体，形成"有效率、有活力、有竞争力的微观运行机制"。① 目前完成了非时政类报刊转企改制的单位基本上都建立了这种企业形式。然而，从企业内在精神层面看，很多非时政类报刊缺失企业家精神，企业缺少灵魂，"事业惰性"仍然存在。

在德鲁克看来，企业家精神就是：（1）大幅度提高资源的产出；（2）创新出新颖而与众不同的东西，改变价值；（3）开创了新市场和新顾客群；（4）视变化为常态，他们总是寻找变化，对它做出反应，并将它视为机遇而加以利用。② 转企改制，虽然使报业机构转为企业的形式，但是如果不改变"事业惰性"，不注入企业家精神，企业也只是空留形式，缺乏灵魂。随着资本化发展策略的实施，报业集团在市场化的资本运营中会面临越来越激烈的竞争，报业企业家们需要改变唯命是从，轻视或无视新闻传播的责任和规律，不敢越雷池半步的做法，积极探索市场规律，锐意创新，与时俱进，提升报业集团在资本市场中的竞争力，领导报业集团在资本市场的海洋中砥砺前行。

---

① 吕尚彬：《转企后报刊：用企业家精神克服"事业惰性"》，《中国报业》，2012 年第 7 期。

② ［美］彼得·德鲁克：《创新与企业家精神》，机械工业出版社 2011 年版，第 XXI～XXII 页。

第十章　新盈利模式的探索与构建

　　报业传统的盈利模式是"二次销售"，即报纸通过发行实现第一次销售，再通过广告实现第二次销售。第一次销售中所吸引的受众量，也就是报纸的影响力和传播力成为第二次销售的基础。目前，传统报业主要是通过低价，甚至免费和促销来扩大发行量，积攒人气，再以较大的影响力和传播力来提升自身的议价能力，吸引广告商。因此，第一次销售基本是零利润甚至是亏本，报社或报业集团只能通过广告来实现盈利。随着报业媒体融合的推进，我国报业的盈利模式从"二次销售"转变为"N次销售"，在智媒化、平台化、资本化的转型发展策略中积极寻求在"N次销售"中的盈利模式构建。

　　亚德里安·斯莱沃斯基、大卫·莫里森、劳伦斯·艾伯茨和保罗·克利德福在《发现利润区》中将企业盈利模式细分为22种，即客户解决方案模式、产品金字塔模式、多种成分系统模式、配电盘模式、速度模式、卖座"大片"模式、利润乘数模式、创业家模式、专业化利润模式、基础产品模式、行业标准模式、品牌模式、独特产品模式、区域领先模式、大额交易模式、价值链定位模式、周期利润模式、售后利润模式、新产品利润模式、相对市场份额模式、经验曲线模式和低成本企业设计模式。本章将结合报业在媒体融合中的发展实践，为报业的盈利模式建构提出四种可能路径。

第一节　在线订阅收入：产品金字塔模式

对于转型中的报业而言，要想获取发行收入，就必须建立"付费墙"。而在线订阅收入的盈利模式应该为产品金字塔型模式，塔的底部是免费的大批量的内容信息产品，塔的顶部是收费的小批量内容信息产品。用免费的内容产品吸引大规模的用户构筑"防火墙"，阻止竞争对手的进入，为塔的顶部利润提供保障。

目前通过收费获得盈利的数字报业新闻产品并不是很多，只有《华尔街日报》《纽约时报》《金融时报》等少数专业化报纸。《纽约时报》于 2005 年 9 月首次设立"付费墙"，2007 年 9 月由于用户数量的下降而暂停，2011 年 3 月，"付费墙"业务重启，2012 年 12 月，根据彭博社发布的消息，《纽约时报》线上和线下的总订阅量达到 7. 683 亿美元，比广告收入多出 5290 亿元，成为第一大收入来源。

通过总结这些报纸的成功经验，有三点至关重要。其一，内容的专业化和独特性。内容是决定"付费墙"能否成功的关键。智媒化的发展策略将有助于报业以优质的内容来吸引用户买单，获得内容版权收入。《华尔街日报》拥有 1600 余名专业记者，他们在全球各个国家为《华尔街日报》网站每天提供 1000 余篇文章。依托道琼斯公司和众多财经专家，《华尔街日报》网站每天为用户提供大量权威、专业和独家的财经资讯。2012 年，《华尔街日报》网站通过追踪用户的阅读，推出个人版，用户支付 15 美金就可以每天早上在网站上读到专门根据自己阅读兴趣而设计的报纸，开辟了定制内容收费的盈利渠道。其二，实现传播渠道的多元化。报业记者在对某条新闻采编之后，可以排版到纸媒上实现第一次销售；可以将标题编排到手机报上，实现第二次销售；可以用"新闻+评论"的方式编排到报纸网络版上，实现第三次销售；可以通过二维码、APP 客户端等发送到移动终端上，实现第四次销售；

可以用"视频+评论"的方式编排到视频网站上，实现第五次销售；可以将新闻信息卖给电视台、门户网站等，实现第 N 次销售。比起单一渠道，从多个渠道收取发行订阅费用可以有效提高发行收入。其三，收费方式的多样化。多样化的收费方式可以提高用户的付费意愿。《华尔街日报》网站对于初次订阅的用户，纸质版加在线版前 12 周收费 60 美元，或是每月 30 美元，对于已经订阅纸质版的用户，在线版的收费更为优惠，另外还有半年订阅收费价和全年订阅收费价，甚至出现细化其内容收费项目的"微付费"模式，为某篇文章和某类读者提供专门定制收费的新闻内容。用户不再为所有内容付费，而是需要什么内容就为什么内容买单，价格更为低廉、收费更为灵活的方式会大大提高发行收入。

第二节　在线广告收入：独特产品模式

报业要想提高广告收入，就必须进行广告经营的创新，采取独特产品模式的盈利模式。当企业开发了新的产品，企业就会从这种产品的溢价中获利，一般而言，新产品所创造的利润占到总利润的一半以上。然而，随着竞争对手的效仿，新产品的独特性削弱，创造的利润减少，盈利空间压缩。因此，报社或报业集团要想获取丰厚的在线广告收入，就必须不断利用新技术、新思维来创新广告的经营模式。

首先，采用多样化的广告形式。报业的广告传播形式不再局限于单纯的文字和图片，而是可以通过视频、音频、文字、图片等形式实现立体传播，丰富数字报纸的广告形态，提高广告效果，最大限度地吸引广告商。我国可以学习美国报业在线广告的多样形式，包括付费搜索广告、横幅广告、分类广告、长视频广告、时段广告、引导性消费广告、赞助广告和电子邮件广告等。

《京华时报》的云广告改变了传统报纸的广告经营模式，有效扩大了广告商和提高了广告效果。云广告，是基于云技术而打造的广告服务平台，为商家提供广告信息服务。它允许所有的广告供应商、代理商、策划服务商、制作商，以及行业协会、管理机构、行业媒体、法律机构等都将自己创造和负责的服务整合成资源池，资源相互展示和互动，按需交流，从而降低成本，提高效率。① 云广告既具有传统报纸广告的读者群较稳定、公信力较高、便于长期保存等优势，又具有网络新媒体的众多优势，比如，互动性，云友、云商和广告商之间可以实现较强的交互体验；立体呈现，从传统报纸"文字+图片"的静态广告呈现转变为"文字+图片+视频"的动态立体广告呈现；灵活性，广告商不再是按照版面来一次性支付巨额广告费用，而是根据云友的回复或点击来按次付费，比如，用户每回复一次或点击收看一次，广告商只需支付5分钱就可以了。与过去巨额的广告费用相比，云广告这种收费低廉的模式更容易吸引小企业，其至个人。在"广告云"上的所有媒体都可以实现广告资源共享，这就意味着，广告商只用在一家媒体上投放广告，在"广告云"上的任一媒介用户都可以接触到该广告。这样既可以节约广告投入成本，又可以提升广告效果。云广告凭借着低价和精准，以及富有趣味性和生动性的特点，更加符合现代社会"眼球经济"的要求，更能吸引广告商的注意，从而增加广告收入。2012年5月17日，《京华时报》的首份云报纸面世。同年6月14日，在头版上刊登的梅赛德斯·奔驰旗下品牌 Smart 广告，成为《京华时报》的首例云广告，用户只需用手机扫一下右下方的二维码，通过云阅读手段，就既能够阅读文字和图片广告信息，也能够观看由篮球明星科比代言的 Smart 动态视频广告内容。这则云广告还设有有奖互动的内容，读者填写手机号码，回答有关 Smart 的相关问题，或是转发视频到新浪微博，就有机会参与抽奖。通过有奖互动，广告商不仅有效地推广了产品信息，扩大了产品的知名度，而且通过手机号码和新浪微博，也可以收集读者的个人信息，

---

① 袁小毅：《云广告模式初探讨》，《互联网周刊》，2012年第20期。

从而深度挖掘最终的购买客户，有助于作进一步的精准广告营销。自云报纸诞生以来，《京华时报》已刊登了约 5000 条云新闻，先后有奔驰、奥迪、大众、格力、苏宁、麦当劳和恒大地产等刊登了云广告。① 拉动了 600 万元的广告投放，实现了 200 万元的广告增值。② 通过二维码扫描看到的视频广告内容，除了广告商在电视上和网络上投放的视频广告外，《京华时报》还可以根据广告商的需求，制作具有个性化的视频广告，使云广告更具针对性。《京华时报》计划联合国内各个主要省市的主流媒体，共建一个云广告发布平台，共用一个云广告客户端口，从而实现广告共享。可以预见，随着云广告发布平台的建立和逐步完善，我国传媒市场的广告经营将会摆脱现在这种以低价和相互诋毁为代价来争夺广告商的恶性竞争，取而代之的是"广告云"上的各媒介通力合作将云广告发布平台做大做强，呈现合作共赢的良性竞争格局。

其次，投放广告的形式可以是一对多的大众传播方式，也可以是根据用户需求而定制的广告，实现一对一的传播。广告可以具有可识别性，也可以是与新闻、娱乐、论坛等融为一体，成为隐性广告。数字报纸的内容会比纸质报纸的内容多得多，可以与广告结合的版块也越来越多。比如《京华时报》的《云周刊》，有专门介绍当前网络热门游戏和软件的版块，也有与电子商务相结合的购物版块。广告商可以在这两个版块上投放广告，一方面，隐性广告可以让读者在不知不觉中接受广告信息，没有抵触感，另一方面，可以在数字报业新闻产品上展示纸质报纸难以表现的立体广告形式，从而有效地提高广告效果。广告形式的多样化不仅可以提高广告效果，吸引广告商，还可以增强议价能力，提高广告收入的盈利水平。

再次，进一步扩大广告商的范围。随着报业数字化的发展，广告

① 李红洋、钮铮：《在云端——告诉你〈京华时报〉云报纸的突破和创新》，五洲传播出版社 2013 年版，第 5 页。
② 李红洋、钮铮：《在云端——告诉你〈京华时报〉云报纸的突破和创新》，五洲传播出版社 2013 年版，第 110 页。

商范围不仅包括传统意义上的企业和组织，还可以包括个人。一方面，可以通过传统方式为广告商发布广告信息而直接获得广告收入；另一方面，还可以利用较好的互动性，为小企业或个人用户提供发布广告的平台。可以直接向个人用户收取费用，也可以是小企业或个人注册成为用户后在数字报纸上免费发布广告信息，通过免费发布的方式先积攒人气，形成大规模用户后，再与其他广告商议价，获得更高的广告经营额。此外，数字报纸还可以充分运营数字技术，为广告商提供精确广告投放，来吸引比传统报纸更多的广告商。比如，《纽约时报》通过数字技术和网络技术，分析用户的在线行为，为广告商提供用户的使用习惯和阅读倾向，使广告商能够准确快速地找到目标客户，通过使用高级别的针对性广告，实现了广告准确投放，确保广告商的利益最大化。

第三节 增值服务收入：客户解决方案模式

拓展增值业务有利于提升数字报业的影响力，拓宽盈利渠道，降低经营风险。除了广告和在线订阅收入之外，国外有很多报业传媒集团已经开始通过多种具有个性化和专业化的增值服务来增加收入来源。增值服务包括数据库、垂直化网站、电子商务、舆情服务等。而要想获得增值服务收入就必须遵循客户解决方案模式，增值服务以用户需求为导向，应建立良好的用户关系。

早在 1975 年，日本经济新闻社就创建了日经数据库（NIKKEI NEEDS），NEEDS 数据库是日本最大的商用数据库，包括企业财务数据库、市场信息数据库、宏观经济数据库、POS 数据库等，信息来源包括 170 多家媒体的新闻报道、国内 100 多家和全球 5000 万家企业的财务报表和人事情报。日经数据库为日本经济新闻社带来了丰厚的收益。此外，日本经济新闻社在手机报经营上十分重视开发手机游戏、手机音乐等增值业务，增加手机报的收入。2007 年，日本经济新闻社的数字化产品盈利就已经超过了旗下纸质媒体的盈利。① 2011 年美国的《华尔街日报》推出个人版，用户每月支付 15 美元，就可以享受《华尔街日报》根据用户的阅读兴趣和习惯量身打造的定制新闻。同时，《华尔街日报》建立了在线市场数据中心，数据库依托道琼斯公司提供的世界一流商业财经信息和专业记者、财经精英的分析报道，内容包括美国股市、国际市场、交易所交易基金、互惠基金、债券、利率及信贷市场、商品及期货、汇市等。用户通过注册、付费，就可以按照日期或者是关键字查询数据信息。

通过分析国内外增值服务的现状，要想获得丰厚的增值服务收入，我们至少要从以下几个方面入手。第一，要有持续的前期投入。基于客户解决方案模式，报社或报业集团需要在前期投入巨额资金，比如构建平台、收集数据、管理数据、挖掘数据等都需要持续的资金投入，而前期的净投入会带来日后大量的利润。如果前期的资金链断裂，平台、数据库等基础要素构建不起来，就不可能为用户提供专业化和个性化的增值服务。第二，增值服务要以用户需求为导向，具备独特性。增值服务将会成为我国数字报业的主要收入来源，现阶段，涉足增值服务的报业传媒集团也越来越多，包括数据库、电子商务、舆情监测等领域。要想在众多竞争对手中脱颖而出，就必须具备独特性，避免与竞争对手的服务趋同。第三，增值服务需要基于多方市场。增值服务是报业传媒集团从内容提供商向信息服务商转型的重要体现，仅仅依靠报业传媒集团自身的力量是远远不能满足用户需求的，需要有技术运营商、数据提供方、数据管理商、资讯服务商等多方力量的加入。

---

① 李鹏：《媒聚变——媒介融合背景下报纸转型研究》，北京大学出版社2012 年版，第 73 页。

第四节 投资获利：多元化模式

在我国报业转型资本化的发展策略导向下，投资获利也可以成为报业的主要收入来源，主要的投资方向包括新媒体、金融市场和其他产业等。

新媒体成为我国报业投资的主流方向，一方面可以布局全媒体，推进报业的媒体融合发展，另一方面新媒体不俗的投资回报率也为报业传媒集团获取新的收入来源提供了机会。2007 年，华闻传媒以 2000 万元的价格注资江苏三六五网络股份有限公司（HOUSE 365）。"HOUSE 365"是一家专业的房地产家居网站，华闻传媒希望通过这次投资，能够在垂直类专业化网站方面有所突破。2013 年，在投资 6 年之后，华闻传媒通过处置其持有的江苏三六五网络股份有限公司的 6209316 股，获得 31279.97 万元的收益，使华闻传媒当年的投资收益增加了 31.99%。2013 年，浙江日报报业集团以 32 亿元的价格收购盛大旗下杭州边锋和上海浩方 100% 的股权，自 5 月合并纳入公司营业范围以来，其为集团业绩的超预期发展做出了巨大贡献。5 月至 6 月归属浙报传媒股东的净利润就达到 6202.91 万元。盛大也对杭州边锋和上海浩方的 2013 年到 2015 年的净利润做出统计，分别为 25443.46 万元、32127.31 万元和 37933.98 万元。

2012 年 9 月，博瑞传播投资 3.7 亿元设立博瑞小额贷款公司，所占股份为 74%。2013 年上半年，实现净利润 3605 万元。2013 年 12 月，粤传媒以 6000 万元注资广州地铁小额贷款有限公司，所占股份为 20%。报社或报业集团投资小额贷款公司主要是利用集团的闲散资金和多年积累的优质潜在客户资源，拓展盈利渠道。可以看出，在金融领域的投资规模十分有限，获取的利润占整个集团的总利润份额非常小。

除新媒体、金融领域的投资获利之外，我国报业还可以通过发展文化产业园区，投资影视项目、户外媒体、教育产业等获取利润。无论是投资新媒体，还是投资其他产业，报业传媒集团都要向规范化和专业化的方向转变，进一步突破体制限制和人才结构的制约因素，建立健全内部风险管控体系，有效防止因盲目投资和过度投资而带来的经营风险，避免主营业务的资金断裂，实现投资的稳健发展。

结　　语

在网络媒体的不断冲击下，传统报业的生存空间越来越小。继2005年的拐点之后，传统报业在2012年再次遭遇"滑铁卢"。此后五年，报业营收"断崖式"下跌的趋势并未改变。2012年至2016年我国报业广告刊登额的降幅分别为7.3%、8.1%、18.3%、35.4%和38.7%。2016年的报纸广告市场规模不足六年前的三成。新兴媒体在给报业带来挑战的同时，也为其注入了更加广阔的发展前景。拜伦在《希永的囚徒》中写道："我学会喜爱绝望。"各大报社或报业集团积极探索报业转型之路，报业转型被认为是报业绝处逢生的唯一有效途径。

本书将我国报业转型发展分为了传统报业"触网"、新闻网站兴起、传统报业与网络媒体的界限日益模糊和报业媒体融合朝纵深方向发展四个阶段。目前，我国报业一方面面临着内忧外患的生存困境，另一方面又受到国家传媒产业政策红利的鼓舞。我国报业从业者一方面在媒介技术的快速更迭下面临着"本领恐慌"，另一方面又为新闻信息的多样化呈现形式而感到欣慰。在媒体深度融合背景之下，我国报业已从过去的消极应对转变为积极转型，"两微一端"大举进军。强势媒体的优势已然凸显，报纸产业中的"马太效应"形成。人民日报社、上海报业集团、浙江日报报业集团稳居报纸产业的第一梯队，而云南的《新生活报》、上海的《上海商报》等一大批报纸则在转型中悲情谢幕。虽然媒体深度融合的格局已经形成，但是不得不承认，我国报业在转型中依然面临着诸多问题，任重而道远。新闻产品的数字化生产机制尚未完全形成，开放性、创新性和去中心化还有待加强。虽然数字新闻产品的阵营庞大，但是由于"现象级"新闻作品的匮乏，新闻媒体平台与用户聚集平台缺乏通路以及用户体验设计不佳等问题，新闻产品缺乏用户粘性，尚不能吸引大量用户的注意力。此外，新闻产品的呈现缺乏系统性，各新闻产品之间呈现松散状态，报社或报业集团旗下的新闻产品之间缺乏统筹策划，缺乏联动效应。报社或报业集团旗下"报、网、微、端"缺乏整体规划，差异化定位尚未实现，造成新闻信息多层次、多角度的立体呈现不足。还有，盈利模式尚不明晰，一方面作为报业主要收入来源的广告经营额持续下跌，另一方面在线订阅收入、信息服务收入等又面临盈利水平低和盈利能力的稳定性差等问题。针对我国报业在转型中存在的问题，本书从技术层面、营销层面和制度层面深入探究问题成因，并跳出报业数字化转型的单一视角，从智媒化、平台化和资本化三个方面提出报业在媒体深度融合语境之下的发展策略。报业转型的最终目的是要实现报业的可持续发展，而盈利模式的有效建构则是实现可持续发展的重要一环。基于智媒化、平台化和资本化发展策略的实施路径，本书指出我国报业转型进程中可以以产品金字塔为模式，获取在线订阅收入，以独特产品为模式，获取在线广告收入，以客户解决方案为模式，获取增值服务收入，以多元化为模式，获取投资利润。

　　本书虽然基于多学科视角，结合理论、实证和案例等研究方法对在媒体融合背景之下我国报业转型的发展策略作了探索性研究，但是由于研究主题较大，准备时间仓促，再加上笔者的学疏才浅，仍存在一些不足的地方，集中表现在以下两点：一是在媒体深度融合阶段，报业转型与媒介技术的联系越来越紧密，但是由于笔者专业的局限性，对媒介技术如何实现新闻产品的形式创新、呈现创新和传播创新的探讨还流于表面；二是实证分析与定量研究不足。在对报社和报业集团的实地考察中发现，很多能够说明问题的数据很难拿到，因此本书的一手统计数据很少，绝大部分是来自传媒发展报告、年鉴、论文等的二手数据，数据的时效性不强，而且二手数据可能是经过二次加工和整理的，带有一定的主观性。鉴于本书在研究上的不足，以及报业媒体融合的不断深入发展，后续的研究可以从以下几个方面开展：一是随着媒介技术的不断发展，深入探讨在技术视域下，我国报业在转型中各业务形态的发展以及可能出现的新业务形态，并通过深度访谈和问卷调查等研究方法，深入探寻媒介技术的使用对新闻从业人员角色认知的影响以及出现的职业困境与职业转型；二是持续对我国主要报社或报业集团进行参与式观察，近距离了解报社或报业集团在媒体融合的推进过程中，在发展战略、组织架构、人才结构、内容生产等方面的转变；三是持续观察美国、英国、日本等国在报业转型中的发展情况，总结国外报业在转型中的新趋势、新特点和新规律，为我国报业转型的发展提供可资借鉴的发展模式。

参 考 文 献

［1］陈国权. 新媒体拯救报业？［M］. 广州：南方日报出版社，2012.

［2］陈国权. 报业转型新战略［M］. 北京：新华出版社，2014.

［3］崔保国. 2016 年中国传媒产业发展报告［M］. 北京：社会科学文献出版，2016.

［4］崔保国. 2013 年中国传媒产业发展报告［M］. 北京：社会科学文献出版社，2013.

［5］崔保国. 2017 年中国传媒产业发展报告［M］. 北京：社会科学文献出版社，2017.

［6］程丽. 传统报纸"两微一端"的现状和发展［J］. 新闻世界，2017（4）.

［7］蔡雯. 媒介融合发展与新闻资源开发［J］. 今传媒，2006（7）.

［8］陈力丹，王之月，王娟."用户体验"的新型媒体生存模式［J］. 新闻爱好者，2015（5）.

［9］陈威如，余卓轩. 平台战略［M］. 北京：中信出版社，2013.

［10］杜园春，王永琳. 73. 9% 受访者愿为网络问答付费［N］. 中国青年报，2016-07-26（7）.

［11］范东升. 拯救报纸［M］. 广州：南方日报出版社，2011.

［12］郭全中. 传媒单位转企改制不是终点站［J］. 青年记者，2008（28）.

［13］郭全中. 传媒集团战略与管理体制研究［M］. 北京：北京师范大学

出版社，2010.

[14] 郭全中. 转型是中心 [J]. 中国报业，2014（1）.

[15] 辜晓进. 规模优势：报业融合转型的丛林法则——大报转型的马太效应 vs 小报融合的三条出路 [J]. 新闻记者，2018（8）.

[16] 谷虹. 信息平台的概念、结构及其三大要素 [J]. 中国地质大学学报（社会科学版），2012（3）.

[17] 韩鸿. 新媒体背景下的公民共享新闻学 [J]. 新闻与传播研究，2006（3）.

[18] 黄升民，谷虹. 数字媒体时代的平台建构与竞争 [J]. 现代传播，2009（5）.

[19] 匡文波，任卓如. 我国报业转型的路径与趋势思考 [J]. 出版广角，2017（5）.

[20] 赵大伟. 互联网思维——独孤九剑 [M]. 北京：机械工业出版社，2014.

[21] 罗以澄，吕尚彬. 中国社会转型下的传媒环境与传媒发展 [M]. 武汉：武汉大学出版社，2010.

[22] 吕尚彬. 渐进性演变，还是激进性变革——我国报业数字化演变轨迹的思考 [J]. 中国报业，2012（8）.

[23] 吕尚彬. 谁能够成为构建付费墙的中国报纸 [J]. 中国报业，2012（23）.

[24] 吕尚彬. 转企后报刊：用企业家精神克服"事业惰性" [J]. 中国报业，2012（7）.

[25] 吕尚彬. 在"共存"格局中突围 [J]. 中国报业，2013（23）.

[26] 李鹏. 媒聚变——媒介融合背景下报纸转型研究 [M]. 北京：北京大学出版社，2012.

[27] 李良荣. 艰难的转身：从宣传本位到新闻本位 [J]. 国际新闻界，2009（9）.

[28] 李贞. 探秘人民日报"中央厨房"：创新实践 开启媒体传播新时

代［N］．人民日报海外版，2017-01-23．

［29］李红洋，钮铮．在云端——告诉你《京华时报》云报纸的突破和创新［M］．北京：五洲传播出版社，2013．

［30］娄珍须，贾岳．从技术到战略——"数字报业"全解析［M］．传媒观察，2007（5）．

［31］雷健．传播伦理论纲［M］．成都：四川科学技术出版社，2008．

［32］黎斌，林娜．从《卫报》的开放平台看网络媒体的发展模式［J］．新闻爱好者，2009（11）．

［33］麦尚文．全媒体融合模式研究——中国报业转型的理论逻辑与显示选择［M］．北京：中国人民大学出版社，2012．

［34］彭兰．数字媒体传播概论［M］．北京：高等教育出版社，2011．

［35］彭兰．智媒化：未来媒体浪潮——新媒体发展趋势报告（2016）［J］．国际新闻界，2016（11）．

［36］彭兰．再论新媒体基因［J］．新闻与写作，2014（2）．

［37］冉华，张金海，程明．报业数字化生存与转型研究——基于产业发展的视角［M］．武汉：武汉大学出版社，2010．

［38］石磊．分散与融合——数字报业研究［M］．北京：中国社会科学出版社，2010．

［39］汤立明．报业数字化转型的问题与对策［J］．青年记者，2008（29）．

［40］王春枝．整合与改造：欧美报纸编辑部的融合路径［J］．中国记者，2009（8）．

［41］王润钰．产业融合趋势下的中国传媒产业发展研究［M］．北京：中国书籍出版社，2011．

［42］王惠正．对中国报业数字化发展的思考［J］．中国传媒科技，2004（10）．

［43］谢湖伟．流动空间与地方空间的碰撞——从腾讯·大楚网看互联网再地方化意义［J］．新闻前哨，2011（4）．

[44] 谢耕耘. 中国传媒资本运营若干问题研究 [J]. 新闻界，2006（3）.

[45] 向志强，彭祝斌. 传播领导双重博弈中的激励与行为 [J]. 现代传播，2008（5）.

[46] 向长富. 报业 IPO 上市与借壳上市利弊分析 [J]. 新闻战线，2008（8）.

[47] 宣言. 不能让算法决定内容 [N]. 人民日报，2017-10-05（4）.

[48] 喻国明. 知识付费何以成势？[J]. 新闻记者，2017（7）.

[49] 喻国明，兰美娜，李玮. 智能化：未来传播模式创新的核心逻辑——兼论"人工智能+媒体"的基本运作范式 [J]. 新闻与写作，2007（3）.

[50] 严焰，范孟娟. 困境中前行：虚拟现实新闻发展探索与反思 [J]. 中国出版，2016（20）.

[51] 袁小毅. 云广告模式初探讨 [J]. 互联网周刊，2012（20）.

[52] 张勤耘. 报业数字化转型中的"五个转向"[J]. 新闻战线，2013（3）.

[53] 张意轩，刘赫. 人民日报客户端四期正式上线 [N]. 人民日报，2017-01-5（4）.

[54] 章戈浩. 作为开放新闻的数据新闻——英国《卫报》的数据新闻实践 [J]. 新闻记者，2013（6）.

[55] 周婷婷，陈琳. 大数据时代数据新闻发展的主要方向——以全球"数据新闻奖"2013 年获奖作品为中心的分析 [J]. 新闻与信息传播研究，2013（4）.

[56] 曾凡斌. 报业上市公司的关联交易和整体上市 [J]. 编辑之友，2008（2）.

[57] [美] 菲利普·科特勒，凯文·莱恩·凯勒. 营销管理 [M]. 王永贵，等，译. 上海：格致出版社，2009.

[58] [美] 克里斯·安德森. 免费 [M]. 蒋旭峰，等，译. 北京：中信出版社，2012.

［59］［美］克莱顿·克里斯坦森. 创新者的窘境［M］. 胡建桥，译. 北京：中信出版社，2010.

［60］［美］彼得·德鲁克. 创新与企业家精神［M］. 蔡文燕，译. 北京：机械工业出版社，2011.

［61］［英］维克托·迈尔-舍恩伯格，肯尼思·库克耶. 大数据时代［M］. 盛杨燕，周涛，译. 杭州：浙江人民出版社，2010.

［62］［日］中马清福. 报业的活路［M］. 崔保国，译. 北京：清华大学出版社，2005.

［63］ARIELLE EMMETT. Handheld Headlines［J］. American Journalism Review, 2008, 29 (4): 25-29.

［64］WEBER WIBKE, RALL HANNES. Between data visualization and visual storytelling: the interactive information graphic as a hybrid form［J］. Conference papers-International Communication Association, 2012.

［65］AMY SCHMITZ WEISS. Exploring News Apps and Location-based Services on the Smartphone［J］. Journalism & Mass Communication Quarterly, 2013, 90 (3): 435-456.

［66］BEN SCOTT. A Contemporary History of Digital Journalism［J］. Television & New Media, 2005, 15 (6): 89-126.

［67］DOUG JOHNSON. Blogging and the Media Specialist［J］. Learning and Leading with Technology, 2006, 33 (66): 24-25.

［68］JOSHUA FAIRFIELD, HANNAH SHTEIN. Big data, big problems: Emerging issues in the ethics of data science and journalism［J］. Journal of Mass Media Ethics, 2014, 29 (1): 38-51.

［69］JENNIFER D, GREER YAN YAN. Newspapers Connect with Readers Through Multiple Digital Tools［J］. Newspaper Research Journal, 2011, 32 (4): 83-97.

［70］JULIE STEELE, NOAH LLIINSKY. Beautiful Visualization［M］. O'Reilly Media, 2010.

[71] KEVIN KAWAMOTO. Digital Journalism: Emerging Media and the Changing Horizons of Journalism [M]. Rowman & Littlefield, 2003.

[72] KEN DOCTOR. A Message for Journalists: It's Time to Flex Old Muscles in New Ways [J]. Nieman Reports, 2010, 64 (2): 45-47.

[73] LORENZ MIRKO. Data driven journalism: What is there to learn? [J]. Innovation Journalism Conference, 2010 (6): 7-9.

[74] M. M. LEHMAN, L. A. BELADY. Program Evolution-Processes of Software Change [M]. Academic Press, 1985.

[75] NONNY DE LA PEñA, PEGGY WEIL, JOAN LLOBERA, ETC. Immersive Journalism: Immersive Virtual Reality for the First Person Experience of News [J]. Teleoperators and Virtual Environments, 2010, 19 (4): 291-301.

[76] STEPHEN QUINN, VINCENT F. Filak. Convergent Journalism: An Introduction [M]. Elsevier Inc, 2005.

后　记

从 2011 年在武汉大学新闻与传播学院读博以来，报业转型一直都是我不变的研究领域。七载岁月，见证了报业在变革中的种种艰辛，对于那些悲情谢幕的报媒依依不舍，感慨万千，也期待着"停刊转网"之后的报媒能够涅槃重生；对于那些在困境中突出重围的报社或报业集团，由衷欣慰，是它们的创新与果敢让我还能坚守这一研究领域，对报业的发展与未来许下美好愿景。

首先，报媒的转型速度之快，是我始料未及的。当自己回顾这篇写于 2014 年的博士论文时，不禁感叹，仅三年之余，但文中的许多案例都已成过时黄花，有些观点已然成为隔年皇历，于是不得不在原有基础上进行大量修改，以观照当下报媒转型之实际。其次，技术在报媒转型中的支撑作用越来越明显。当智媒化时代开启，新闻的表现形式越来越丰富时，作为报业转型的一名见证者和研究者，自己也感受到"本领恐慌"，对于大数据技术、云技术、人工智能技术、VR 技术在报媒中的应用明显感到跨学科知识储备的不足。这也警示自己，如果想要在这一研究领域深耕细作，就必须扩大自己的学术视野，汲取计算机科学、信息管理学等方面的知识。再次，报业转型对报媒人来说是一种极大挑战，从思维方式到工作流程，他们都面临着自身的职业困境与职业转型。在实地调研访谈中，我深刻感受到他们在危机中求生存的积极态度，在困境中砥砺前行的艰辛探索。报业在媒体融合中的深入推进，虽然路漫漫其修远兮，但是这些报媒人的奋斗与坚持，让我们依然期待报业的明天。

最后，借本书付梓出版之际，感谢在成长路上给我提供帮助的老师和同行。感谢武汉大学新闻与传播学院，作为学术研究的起点，它让我接触到了那么多的大师，大师对学术的热情感染着我，让我开始对研究也慢慢有刨根问底的好奇。感谢我的导师吕尚彬教授，将我领进学术之门，成为"吕珈亲友"的一员，同门们的一路相伴，让我在前行路上不觉孤单。虽已离开校园多年，但那段可以纯粹读书的日子依然铭记于心。

感谢湖北大学新闻传播学院，作为教研事业的起点，它让我成长于领导和同事们的支持和鼓励之中。学院给了我们青年教师宽松友好的科研环境，给了我们极大自由发挥的空间，也耐心等待我们的成长。我十分庆幸能与如此优秀的同事们为伍，是他们的认真让我不敢懈怠，是他们的进步让我不断追赶。

感谢那些曾经和现在依然在湖北日报传媒集团、南方报业传媒集团工作过，并接受过我访谈的媒体人。你们对于报业转型的思考，对于媒体人自身职业困境与职业转型的见解，都为书稿的写作提供了宝贵思路。特别是《湖北日报》新闻编辑中心主任刘长松老师，多年来一直在研究上给我指点与启示，书架上最显眼处就是他先后赠予我的20多本书籍，为报业转型研究提供了大量的文献资料。

感谢在我访学期间英国威斯敏斯特大学 CAMRI 研究中心的 Hugo de Burgh 教授为我提供的英国报业集团实地调研的机会，以及为本书的写作提供的大量国外报业转型的案例。当以前在文章中读到、在媒体上看到的场景真实展现在眼前之时，当那些只在书本里出现的"大人物"在你面前娓娓道来之时，内心的激动无法用言语来表达。

感谢武汉大学出版社的聂勇军老师不厌其烦地细致阅读与编辑书稿，书稿最终能在武汉大学出版社出版，这是我莫大的荣幸。我深知报业转型研究的艰难与挑战，加之时间仓促，学识不足，粗疏之处在所难免，我衷心期盼专家学者以及同行们的批评和指正。

最后，感谢家人，他们永远都是我最坚实的后盾和力量的源泉。

张 帆

2018 年 3 月